全国职业教育"十三五"规划教材

# 铁道机车专业导论

## （M⁺ Book 版）

主　编　许建林　李志南　李志策

（扫描二维码，安装加阅 App，即可在手机上观看
与本书配套使用的视频资源。）

北京交通大学出版社

·北京·

## 内 容 简 介

"铁道机车专业导论"课程是铁道机车专业的一门专业基础课程,用于为学生进一步学习铁道机车专业奠定必要的基础。

本书首先介绍国外铁道机车发展历程,然后介绍国内铁道机车发展历程,国内主型内燃机车和电力机车的种类及其性能特点,以及国内外动车组的发展历程,国内主型动车组的性能特点、生产厂家,最后介绍铁道机车专业主要就业岗位,铁道机车专业就业基本素质要求。

本书内容全面,语言生动,案例丰富,并配有视频资源,既可用作高职高专院校铁道机车专业的基础教材,也可以作为相关专业和铁路企业新入职员工的培训参考书。

## 图书在版编目(CIP)数据

铁道机车专业导论:M⁺Book 版/ 许建林,李志南,李志策主编. —北京:北京交通大学出版社,2018.7

ISBN 978 - 7 - 5121 - 3622 - 9

Ⅰ. ①铁… Ⅱ. ①许… ②李… ③李… Ⅲ. ①机车车辆 Ⅳ. ①U26

中国版本图书馆 CIP 数据核字(2018)第 162383 号

**铁道机车专业导论**

**TIEDAO JICHE ZHUANYE DAOLUN**

| | |
|---|---|
| 策划编辑:陈跃琴 刘建明 | |
| 责任编辑:陈跃琴 | |

出版发行:北京交通大学出版社 电话:010 - 51686414 http://www.bjtup.com.cn

地　　址:北京市海淀区高梁桥斜街 44 号 邮编:100044

印 刷 者:艺堂印刷(天津)有限公司

经　　销:全国新华书店

开　　本:185 mm×260 mm 印张:10.25 字数:256 千字

版　　次:2018 年 7 月第 1 版 2018 年 7 月第 1 次印刷

书　　号:ISBN 978 - 7 - 5121 - 3622 - 9/U·311

印　　数:1~3 000 册 定价:38.00 元

本书如有质量问题,请向北京交通大学出版社质监组反映。对您的意见和批评,我们表示欢迎和感谢。

投诉电话:010 - 51686043,51686008;传真:010 - 62225406;E-mail:press@bjtu.edu.cn。

# 前　言

"铁道机车专业导论"课程是铁道机车专业的一门专业基础课程。课程内容涉及面广，对于培养学生对专业的认知、对就业岗位的认知都将起到十分重要的作用。

通过课程学习，使学生了解铁道机车发展历史、技术进步历程和主流运用设备等知识；使学生初步认识铁道机车就业岗位和与之对应的学习领域；熟悉铁道机车专业就业基本素质要求，提高学生专业学习兴趣；培养学生信息收集、处理、综合加工的能力，加强学生自主学习、探索学习的意识，以及相互协作解决问题的意识；培养学生责任感、严谨细致的工作作风和团队协作精神。

本书在教学/学习资源提供方面，通过互联网和移动终端平台，采用 $M^+Book$ 模式，融合了传统纸质教材、新媒体视频资源，具有以下特色：

① 知识涵盖面广。内容涵盖了铁道机车发展历程和历史背景知识，实现技术知识和人文素质"一体化"的学习。

② 实现课程内容的"柔性"链接。采用"模块—任务"的编排结构，既可以采用模块一（任务一→任务二→任务三）→模块二（任务一→任务二→任务三）→模块三（任务一→任务二）→模块四（任务一→任务二）的顺序以"线性"方式展开教学/学习过程；又可以采用模块一（任务二）→模块二（任务二），模块一（任务三）→模块二（任务三）的顺序以"对比"方式展开教学/学习过程。

③ 适用于高职理实一体化教学。每个任务的学习都与调查题目有机融合，开展相应的能力训练，以拓展学生相关能力。

④ 提供立体化教学资源。在纸质教材中创建了相关数字资源的链接，读者通过智能手机、iPad 等移动设备中的相关应用，对书中带"🔍"的图进行扫描，或输入图号就可以观看与之相关的视频。这对于课程的学习无疑具有强大的推动作用。

本书是作者在"铁道机车专业导论"课程多年高职高专的教学实践基础上，遵循"实践—历史事件理解—体验感悟"的写作思路撰写而成的，旨在提高学生的专业眼界。本书原稿曾作为讲义在教学中多次使用和不断修改、完善。纸质书和数字资源由河北轨道运输职业技术学院许建林、李志南创作。撰写过程中，笔者通过百度查阅了大量资料，这些资料笔者未能及时地记下出处。对撰写这些资料的专家首先表达歉意，更加表示深深的谢意！

本书在出版过程中得到北京交通大学出版社领导、编辑和技术工程师的大力支持和帮助，在此一并表示感谢。

由于笔者水平有限，教材中难免有缺陷和不足之处，恳请广大读者批评指正。

作　者
2018 年 5 月

# 目 录

**模块一　了解国外铁道机车发展历程**

任务一　了解国外蒸汽机车发展历程 ……………………………………………　3
任务二　熟悉国外内燃机车发展历程 ……………………………………………　10
任务三　熟悉电力机车发展历程 …………………………………………………　27

**模块二　熟悉国内铁道机车发展历程**

任务一　熟悉我国干线蒸汽机车发展历程 ………………………………………　45
任务二　熟悉我国内燃机车发展历程 ……………………………………………　54
任务三　熟悉我国干线电力机车发展历程 ………………………………………　84

**模块三　了解动车组发展历程**

任务一　了解国外动车组发展历程 ………………………………………………　109
任务二　了解国内动车组发展历程 ………………………………………………　118

**模块四　了解铁道机车专业就业主要岗位及基本要求**

任务一　了解铁道机车专业主要就业岗位 ………………………………………　139
任务二　熟悉铁道机车专业就业基本要求 ………………………………………　147

附录 A　调研报告内容、格式与要求 ……………………………………………　153

参考文献 ……………………………………………………………………………　156

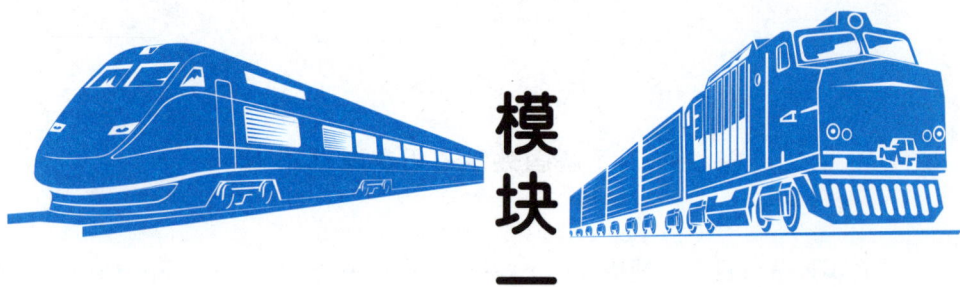

模块
一

了解国外铁道机车发展历程

物有本末，事有终始。知所先后，则近道矣。

——曾子《大学》

# 任务一 了解国外蒸汽机车发展历程

## ✿ 任务描述

1. 了解蒸汽机车发明和发展历程。
2. 了解蒸汽机车构成及工作原理。

## ✿ 任务背景知识

第一次工业革命是指18世纪60年代从英国发起的技术革命，这是技术发展史上的一次巨大革命，它开创了以机器代替手工劳动的时代。正如马克思所说，蒸汽机的发明与应用，在短时间内改变了整个世界的面貌；蒸汽动力的出现，使工厂摆脱了水力条件的限制，工业化速度加快，城市化加快。

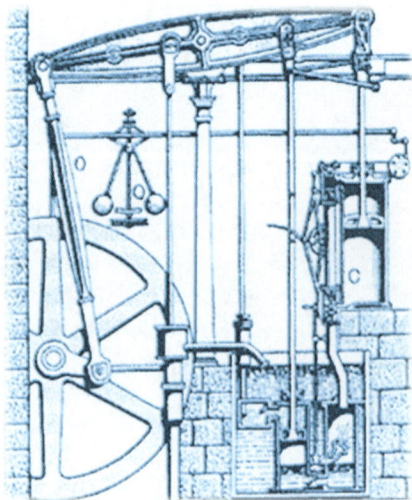

▶ **理查德·特里维西克** ◀

1804 年 2 月英国工程师理查德·特里维西克（Richard Trevithick）在仔细研究瓦特蒸汽机的基础上，设计、制造了世界上第一台实用性轮轨蒸汽机车。由此，理查德·特里维西克成了把詹姆斯·瓦特的蒸汽机技术应用于铁路牵引动力的第一人。

理查德·特里维西克发明的这台轮轨蒸汽机车，它的锅炉蒸汽压力是 $3.0 \text{ kgf/cm}^2$（294 kPa），在钢铁轨道上行驶时可以牵引 10 t 左右的载荷。他的这一发明，被称作世界交通运输史上具有开创性意义的发明创造。

## 蒸汽机车发明

18 世纪初，随着生产力的发展和生产效率的不断提高，工厂迫切需要运进大量原材料，同时将产品输送到世界各地，人们渴望用蒸汽动力车取代马车，以加速交通运输的发展。

1808 年，天才的理查德·特里维西克在伦敦建造了一条圆形的轨道，他用自己制造的蒸汽机车牵引一节满载乘客的车厢在轨道上做了运行表演。进场观看表演的人需缴费 1 先令。好奇的青年人还爬到机车后面的车厢里去坐坐。这可以说是人类有史以来第一列真正的载客火车。尽管特里维西克的货运蒸汽机运行也取得了成功，但缺点是蒸汽机车和它牵引的矿石货物太重了，生铁铸成的铁轨发生了断裂的事故。于是矿山的主人拒绝了特里维西克的蒸汽机车，还是决定用老办法——马拉货车来运矿石。

虽然特里维西克的发明很有意义，但当时人们并没有立即意识到它的重要价值。特里维西克十分失望，逐渐失去了信心，转向了其他发明领域。

▶ 第一辆蒸汽机车 ◀

▶ **乔治·斯蒂芬森** ◀

乔治·斯蒂芬森（George Stephenson），英国工程师，被誉为"铁路机车之父"，1781 年 6 月 9 日生于诺森伯兰地区（现在的纽卡斯尔）的华勒姆村，卒于 1848 年 8 月 12 日。

斯蒂芬森的父亲是个煤矿工人，在蒸汽机房里烧锅炉，全家 8 口人的生活全靠父亲微薄的工资收入来维持。

斯蒂芬森 8 岁便去给人家放牛，饱经风霜雨雪，直到 18 岁还是一个文盲。他不顾人们的嘲笑，和七八岁的孩子坐在同一个课堂里，从认字母开始学起。19 岁时，他为自己已能够写出自己的名字而欣喜不已。青年时期的斯蒂芬森，常常是白天在煤矿做工，夜里参加夜校学习，并坚持自学。

## 首次成功的机车

1810 年，乔治·斯蒂芬森开始着手制造蒸汽机车。1814 年 7 月，乔治·斯蒂芬森造出第一辆机车，被誉为首次成功的机车。

蒸汽机车的出现，使得陆地运输的革命又一次达到了新的高度，一下子取代了又慢、载重又低的马车的地位。蒸汽机车运力大，而且能长距离运输，很快就夺得了运输业的冠军，使人们对它刮目相看。

1829 年 4 月，利物浦 – 曼彻斯特铁路委员会宣布即将举行一次竞赛，要求每辆机车牵引一列满载石子的车辆，在长 3 000 m 的路上来回运行 20 次，优胜的机车设计者将得到 500 英镑奖金。在 10 月份的比赛中，主要由乔治·斯蒂芬森之子 R. 斯蒂芬森设计建造的"火箭"号蒸汽机车牵引着重 12 t 的货车，以 22.5 km/h 的速度行驶，到第 10 次行驶时，他将速度提高到 33.7 km/h，最后一次以 47 km/h 的速度高速前进，取得了比赛的冠军。到达终点时，数万观众脱帽欢呼，祝贺他的胜利。从此，再也没有人对乔治·斯蒂芬森的才能和蒸汽机车发明人的身份表示怀疑了。

▶ **火箭号蒸汽机车** ◀

## 蒸汽机车（主要）发展历程

1769 年，法国工程师居纽制造出世界上第一台三轮蒸汽机车。时速 3.5 km（比人的步行速度还慢），行驶时间不超过 12 min，方向杆操作困难，机车最终撞到了墙上。

1785 年，英国人默多克（Murdoch）成功制造出了蒸汽汽车。

1804 年，英国人理查德·特里维西克改进瓦特的蒸汽机，造出了一台货运蒸汽机车。1808 年，理查德·特里维西克在伦敦铺设了圆形轨道，展出了蒸汽机车。

1810 年，英国人乔治·斯蒂芬森开始自己动手制造蒸汽机车，1814 年他的"布鲁克"号机车开始运行。

1825 年 9 月 27 日，乔治·斯蒂芬森亲自驾驶自己设计、制造的"动力"1 号机车，拉着 550 名乘客，从达灵顿出发，以 24 km/h 的速度驶向斯托克顿，这被认为是人类历史上第一列用蒸汽机车牵引、在铁路上行驶的旅客列车。

1830 年，R. 斯蒂芬森造出"行星"号机车，将卧式锅炉的内外火箱和烟箱做成一个整体，这种形式的锅炉后被称为机车式锅炉。"行星"号机车的两个汽缸装于锅炉前端的烟箱下部车架内侧水平位置，称为内汽缸式机车。"行星"号机车只有一对动轮，装在后部，轴式为 1—1—0，运行时上下颠簸减轻。蒸汽机车的基本构造形式，除广泛采用外汽缸式（汽缸装于车架前端两外侧）外，迄今无多大变化。

1830 年后，美国及其他一些国家先后开始制造蒸汽机车。这个时期机车动轮由两对或三对发展至四、五、六对。最早使用二轴引导转向架的是美国于 1832 年制造的 2—1—0 式"乔纳森兄弟"号机车，大型机车还在动轮后面装有较小的从轮。借助于从轮，机车可装载一个较宽大、较重的火箱。

1835 年，德国修筑了第一条从纽伦堡到菲尔特的蒸汽机车铁路；法国于 1830 年铺设了从圣亚田到里昂的铁路；荷兰于 1837 年铺设了从阿姆斯特丹到哈连姆的铁路。蒸汽机车成了铁路运输的主要工具。

1884 年，瑞士人 A. 马里特发明了关节式机车，牵引力大，并能顺利通过曲线。1888 年，建成第一台关节式机车。最大的关节式机车是 2—4+4—2 式"大人物"号，整备质量为 543 t，锅炉压力为 21.1 kgf/cm$^2$（2 068 kPa），在时速 120 km 条件下，发挥出功率 4 413 kW（6 000 马力）以上。

1875—1900 年，广泛地应用蒸汽两次膨胀原理，创造了复胀式机车，提高了机车热效率。

1890 年，美国研制出欧弗兰高级快车——蒸汽机车。

1900 年，位于乌克兰卢甘斯克机车制造厂股份公司［其前身是德国企业家古斯塔夫·哈特曼（Gustav Hartmann）于 1896 年创立的卢甘斯克加尔特曼蒸汽机车制造厂］生产出第

一台蒸汽机车。该机车制造厂曾经是苏联国内规模最大、产量最高的内燃机车制造工厂。在1956年至1985年间，工厂共生产了45 000多台各型干线货运内燃机车，平均每年生产机车1 500多台，其产品除了供苏联国内使用，同时也大量出口到其他十几个国家。

1900—1920年，由于采用蒸汽过热和给水加热等装置，机车的热效率、牵引力和功率又有提高。

1913年，日本研制出9600型蒸汽机车。9600型蒸汽机车是参考购买自德国博仕格（Borsig Lokomotiv-Werke GmbH）的8850型蒸汽机车和9580型蒸汽机车之后，对其加以改良设计而成。多数的9600型机车在运往中国东北、华北与华中地区使用之后，在战火中损失大半，幸存的部分车辆则改编为$KD_5$型或$KD_{55}$型。

1920年以后，蒸汽机车的性能进一步得到改善。20世纪二三十年代，机车的锅炉压力由14 kgf/cm$^2$（1 400 kPa）提高到20.4～21.1 kgf/cm$^2$（约2 110 kPa）。高压机车采用水管式锅炉，虽然热效率较高，但构造复杂，质量大，造价高，维护困难，维修费高，而且极易发生故障，运用可靠性差，因而未能正式投入运用。

1920年，德国研制出BR01型铁路干线蒸汽机车。直到20世纪30年代初，BR01型机车才成为德国铁路的快速客运主力。

1923年，日本以9600型蒸汽机车为基础研制出D50型蒸汽机车。该机车最高速度为70 km/h，至1931年共生产380台。

1925年，德国研制出BR86型铁路干线蒸汽机车，至1943年共生产776辆。

1926年，美国研制出9000型世界上最大、最长的非铰接式蒸汽机车，实现"以客运机车速度完成长途货运列车运行的目标"，至1943年共生产88台。

1930年，日本研制出D51型蒸汽机车，这款机车主要用于牵引载货车辆。在日本生产的蒸汽机车中，以这款的数量最多，共生产1 115台。

1931年，苏联研制出ФД型大功率干线货运机车。

1938年，英国的野鸭号（Mallard）4668号牵引六节车辆，在一个稍微下坡路段创下时速203 km的纪录，一般认为这是蒸汽机车的速度极限。

"二战"期间，德国以战前的BR50型机车为基础研制出BR52型蒸汽机车。这是一种"战争机车"（Kriegslokomotiven），在"二战"期间的主要任务就是用于将纳粹德国的部队输送到其遍布欧洲（尤其是东欧）的战区/占领区，同时，自其遍布东欧的占领区将其掠夺的物资运送回德国本土。BR52型机车大概有十余种型号，主要是BR42、BR50、BR52三个系列。

20世纪四五十年代，有些国家进一步提高了过热蒸汽温度，如苏联ЛВ和2—4—2型机车最高蒸汽温度达430～440 ℃。奥地利人G. 吉士林根创造的高效率矩形通风装置（扇烟筒），已为20多个国家和地区所采用，利用废气热来加热给水的混合式给水加热器也得到广泛应用。

1941年，美国研制出世界上最大的往复式蒸汽机车（联合太平洋大男孩号）。它有8个主轮，4个保持前方平稳的从轮，后面还有4个车轮（各两组）。由于车身太长，需做成铰接式的才能转弯。这种机车仅建造了25台，但都极负盛名：大部分机车一直服役到20世纪

50 年代末。

1954 年，苏联研制出 LV 型蒸汽机车，至 1956 年产量有几百台。

"二战"结束时，蒸汽机车仍是最常见的机车。美国、西欧国家及日本和苏联等国已于 1960—1977 年间相继停止使用。在这个历史阶段，在印度和一些不发达国家，蒸汽机车仍占铁路机车一半以上；在中国，蒸汽机车还是铁路的主要牵引动力。

## 蒸汽机车构成及工作原理

# 一、蒸汽机车构成

蒸汽机车主要由锅炉部、机械部、走行部、司机室和煤水车等组成。

▶ 蒸汽机车 ◀

## （一）锅炉部

燃烧燃料和产生蒸汽的部件，包括火箱、锅胴和烟箱三部分。火箱由内火箱和外火箱两部分组成，内火箱底部是炉床，炉床下部有存放炉灰的灰箱。在锅胴内排列着不同数目的大烟管和小烟管，大烟管内套有使蒸汽干燥和加热的过热管。在内、外火箱之间和锅胴内储有锅炉用水，锅炉水没过内火箱顶板和大小烟管，在锅炉水蒸发面上形成蒸汽空间。烟箱位于锅胴前部，内有烟筒、乏气喷口、反射板和火星网等通风装置。

火箱内炉床上的燃料与从灰箱风门进入的空气混合燃烧产生热能，通过内火箱板和大小烟管，传递给周围的锅炉水和过热管中的蒸汽；烟气进入烟箱，通过烟筒排出。高压、高温蒸汽由锅炉最高处的蒸汽包经调整阀、干燥管、过热管和主蒸汽管等蒸汽通路进入汽机。

## （二）机械部

将蒸汽的热能转变为机械能。主要包括汽室、汽缸、活塞、十字头、摇杆、连杆、阀动

装置等部件。阀动装置是支配汽阀与活塞协调动作的配汽机构，用于调节进入汽缸的蒸汽量和控制机车的前进或后退。高压、高温、过热蒸汽进入汽室后，通过阀动装置的配汽作用，进入汽缸，在汽缸内膨胀做功，推动活塞时，机械能经活塞杆、十字头、摇杆等机械部件传递给主动轮，再经连杆传递给其他动轮，通过轮轨接触，动轮把机械部传来的机械能转变为机车在轨道上的走行功。

### （三）走行部

蒸汽机车的走行部由弹簧悬挂装置、轮对、导轮、从轮、轴箱、导轮转向架、从轮转向架和牵引装置等构成。

轮对分导轮、动轮、从轮三种。安装在机车前转向架上的小轮对叫导轮，机车前进时，它在前面引导，使机车顺利通过曲线。机车中部能产生牵引力的大轮对叫动轮。机车后转向架上的小轮对叫从轮。从轮除了担负一部分重量外，当机车倒行时还能起导轮作用。轴箱和车辆的滑动轴承轴箱类似，主要起润滑作用，防止车轴在高速运行时过热。弹簧悬挂装置的作用主要是缓和运行时的振动，减轻车轮对线路的冲击，另外还能把车架上部的重量平均分配给各个轮对。

### （四）司机室

司机室是蒸汽机车司乘人员（司机、副司机、司炉）工作的地方，司机负责驾驶机车，副司机、司炉承担"烧火产生蒸汽"的任务，为蒸汽机车的运行提供动力。

### （五）煤水车

煤水车用于装载煤、水、油脂和存放工具等，挂在司机室后面。煤水车由煤槽和水柜两部分组成。

## 二、蒸汽机车工作原理

蒸汽机车的工作原理：司炉把煤添入炉膛，煤在燃烧过程中，它蕴藏的化学能就转换成热能，把机车锅炉中的水加热、汽化，形成 400 ℃以上的过热蒸汽，再进入蒸汽机膨胀做功，推动活塞往复运动，活塞通过连杆、摇杆，将活塞的往复直线运动变为轮转圆周运动，带动机车动轮旋转，从而牵引列车前进。

### 任务拓展

请调研世界主要国家蒸汽机车对该国经济发展的作用。

# 任务二  熟悉国外内燃机车发展历程

## 任务描述

1. 了解内燃机车发明和发展历程。
2. 熟悉内燃机车构成及工作原理。

## 任务背景知识

第二次工业革命是指 19 世纪中期，欧洲国家和美国、日本的资产阶级革命或改革的完成。19 世纪 60 年代后期，第二次工业革命开始。根据德国人 N. A. 奥托（N. A. Otto）和鲁道夫·迪塞尔（Rudolf Diesel）提出的内燃机循环原理，于 1876 年和 1897 年分别推出了汽油机和柴油机，为现代内燃机的发展奠定了基础，这是继蒸汽机之后发动机发展的又一个里程碑。内燃机出现于 19 世纪，发展、应用于 20 世纪，对 20 世纪的铁道机车发展起了重要的作用。

▶ N. A. 奥托 ◀

N. A. 奥托是德国著名机械工程师，四冲程内燃机的发明者和推广者。从 1861 年到 1864 年，奥托陆续进行了多种内燃机制造技术的发明，并在德国及其他一些国家和地区相继取得了发明专利。

## 四冲程内燃机发明

1872 年，奥托在产业化的道路上迈进一步，继续与兰根合作，成立了德意志煤气内燃机股份有限公司。1875 年，奥托的公司完成了具有进气、压缩、做功、排气四冲程内燃机全套设计工作，四冲程内燃机由此变得更加精巧耐用、高效可靠。1877 年 8 月 4 日，奥托取得了具有划时代意义的内燃机技术的专利权。同年，在法国巴黎举办的万国博览会上，奥托的四冲程循环内燃机获得了金奖。

四冲程内燃机（four – stroke internal combustion engine）是在四个工作冲程内完成一个工作循环［曲轴转两圈（720°），活塞在汽缸内上下往复运动四个行程］的内燃机，是热机的一种。

活塞在汽缸内往复运动时，从汽缸的一端运动到另一端的过程，叫作一个冲程。普通内燃机大多为四冲程内燃机。现在主要有四冲程汽油机和四冲程柴油机两种，而最早的四冲程内燃机使用的燃料是煤气。

四冲程汽油机的工作循环的四个工作冲程为：①进气冲程；②压缩冲程；③做功冲程；④排气冲程。

▶ 四冲程汽油机 ◀

▶ 鲁道夫·迪塞尔 ◀

鲁道夫·迪塞尔（Rudolf Diesel）1858 年 3 月 18 日出生于巴黎，是柴油机的发明人，被誉为柴油机之父。德语的柴油一词，就是从他的名字而来的。

迪塞尔于 1885 年开始研究动力机器，柴油机用汽缸吸入纯空气，再用活塞对其进行强力压缩，使空气体积缩小到原来的 1/15 左右，温度上升到 500～700 ℃，然后用压缩空气把雾状柴油喷入汽缸，与缸中高温纯空气混合，由于汽缸已经有了较高的温度，因而柴油喷入后自行燃烧做功。1892 年 2 月 27 日，迪塞尔取得了此项技术的专利。

## 柴油内燃机发明

N. A. 奥托发明的点火式内燃机使用的燃料是煤气，但煤气的储存、携带均不方便，效率也受到影响。19 世纪末，石油产品在欧洲极为罕见，于是迪塞尔决定选用植物油来解决机器的燃料问题（他用于实验的是花生油）。因为植物油点火性能不佳，无法套用奥托内燃机的结构。迪塞尔决定另起炉灶，提高内燃机的压缩比，利用压缩产生的高温、高压点燃油料。后来，这种压燃式发动机循环便被称为迪塞尔循环。柴油机的高扭矩、高寿命、低油耗、低排放特性，使得柴油机成为解决汽车能源问题最现实和最可靠的手段。因此，目前 100% 的重型车和近 30% 的乘用车都在使用柴油机。

▶ 柴油内燃机 ◀

## 内燃机车概述

内燃机车是以内燃机作为原动力，通过传动装置驱动车轮的机车。在中国，铁路上采用的内燃机绝大多数是柴油机，因此内燃机车这一概念习惯上指的是柴油机车。

电力机车具有功率大、过载能力强、牵引力大、速度快、整备作业时间短、维修量少、运营费用低、便于实现多机牵引、能采用再生制动及节约能量等优点。使用电力机车牵引车列，可以提高列车运行速度和承载重量，从而大幅度地提高铁路的运输能力和通过能力。

# 一、按照使用领域分类

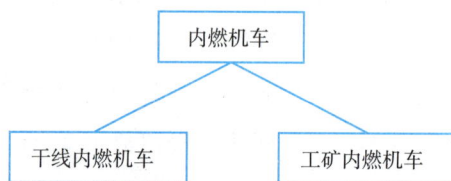

内燃机车

干线内燃机车　　　工矿内燃机车

▶ 内燃机车按使用领域分类 ◀

① 干线内燃机车适用于在国家铁路干线担当牵引任务。

② 工矿内燃机车用于工矿企业内部运输。

# 二、按照传动方式分类

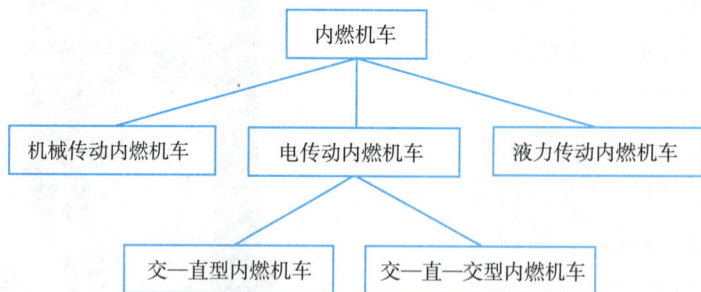

内燃机车

机械传动内燃机车　　电传动内燃机车　　液力传动内燃机车

交—直型内燃机车　　交—直—交型内燃机车

▶ 内燃机车按传动方式分类 ◀

① 机械传动内燃机车：工矿专用的小功率内燃机车。

② 电传动内燃机车和液力传动内燃机车：铁路运用的内燃机车。电传动内燃机车分交—直型内燃机车和交—直—交型内燃机车两种。

# 三、按运用分类

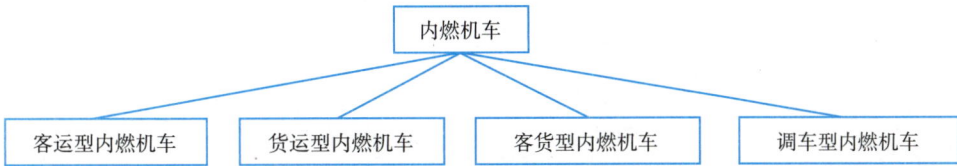

```
                        内燃机车
        ┌──────────┬──────┴──────┬──────────┐
  客运型内燃机车   货运型内燃机车   客货型内燃机车   调车型内燃机车
```

▶ 内燃机车按运用分类 ◀

① 客运型内燃机车：牵引客车的机车，其特点是牵引力较小、运行速度高。

② 货运型内燃机车：牵引货车的机车，其特点是牵引力较大、运行速度要求在 100～120 km/h。

③ 客货型内燃机车：同时具有牵引客车、货车功能的机车，兼具以上两类机车的特点。

④ 调车型内燃机车：在车站完成车辆转线，以及在货场取送车辆等各项调车作业的机车。它的特点是机动灵活，因此车身较短，能通过较小的曲线半径，而速度相对要求不高。

# 四、按照速度分类

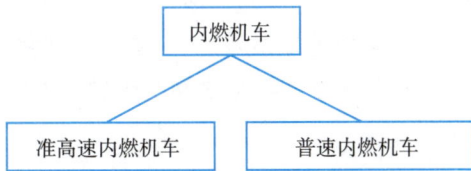

```
                内燃机车
        ┌──────────┴──────────┐
  准高速内燃机车          普速内燃机车
```

▶ 内燃机车按速度分类 ◀

① 准高速内燃机车：牵引速度高于 160 km/h 客运列车的机车。

② 普速内燃机车：牵引速度不高于 160 km/h 客运列车的机车。

# 五、按照功率大小分类

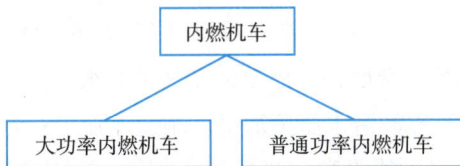

```
                内燃机车
        ┌──────────┴──────────┐
  大功率内燃机车          普通功率内燃机车
```

▶ 内燃机车按功率大小分类 ◀

① 大功率内燃机车：单台机车功率大，用于牵引重载列车。

② 普通功率内燃机车：单台机车功率较小，用于牵引一般列车或客车。

# 六、按照运用区段（海拔高度）分类

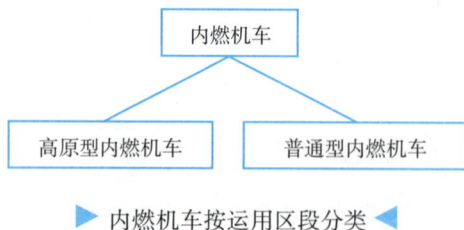

▶ 内燃机车按运用区段分类 ◀

① 高原型内燃机车：适于高海拔地区（如青藏高原）使用的机车。

② 普通型内燃机车：仅适用于低海拔地区使用的机车。

# 七、按照机车轴数分类

① 四轴车：轴式为 $B_0$—$B_0$；

② 六轴车：轴式为 $C_0$—$C_0$、$B_0$—$B_0$—$B_0$；

③ 八轴车：轴式为 $2（B_0$—$B_0）$；

④ 十二轴车：轴式为 $2（C_0$—$C_0）$、$2（B_0$—$B_0$—$B_0）$。

轴式"B"表示一个转向架有 2 根轴；轴式"C"表示一个转向架有 3 根轴；号数"0"表示每个轴有一台牵引电机；"—"表示转向架之间是通过车体传递牵引力。

## 内燃机车（主要）发展历程

内燃机用于机车动力始于 20 世纪初，1909 年瑞士的苏尔寿（Sulzer）公司已开始制造内燃机车，当时碰到的技术难点是如何将内燃机的驱动力传到机车的车轮上，其间的传动装置是个关键，加之早期内燃机车在相同额定功率下的体积和质量并不优于蒸汽机车，以及燃料价格、生产成本等因素，使内燃机车未能很快发展。1925 年，美国 ALCO、GE 和 IR 公司共同研制的新泽西中央铁路的 1000 号（60 t，223.5 kW）箱形司机室电传动内燃机车，是首台商业运营成功的内燃机车，现已存于巴尔的摩和俄亥俄铁路博物馆内。

1924 年，苏联用一台 735 kW 潜水艇柴油机，制造成功了一台电力传动的柴油机车，并交付铁路使用。同年，德国用柴油机和空气压缩机配接，利用柴油机排气余热加热压缩空气，以此代替蒸汽，将蒸汽机车改装成为空气传动内燃机车。1925 年，美国新泽西州的中央铁路使用了第一辆 220 kW 的小型柴油机机车，从事调车作业。后来很快出现了 2 574 kW 甚至 5 516 kW 的大型机车，可以牵引超过 5 000 t 的货物，速度高达 145 km/h。

20 世纪 30 年代，内燃机车作为一种新型交通工具登上了历史舞台，标志着内燃机车时代的开始。这个时期是内燃机车发展速度最快的时期，内燃机车的质量和体积已开始变小，传动装置的负载、柴油机的经济性与功率输出已能相互协调，伴随经济的迅猛发展，使蒸汽机车被内燃机车所取代。1939 年，16 缸 567 型柴油机（745.7 kW）装入 EMC 公司 FT 型电传动内燃机车，这一创举给北美巨大的蒸汽机车车队以致命一击，从此机车制造业发生了巨大的变化。

1933 年，瑞典人制造出燃气轮机车——柴油机车的"胞弟"。此后，法国、美国都制造不同功率的燃气轮机车，并投入使用。燃气轮机车的优点是：对燃油质量要求不高，制造和修理简单，用水极少，不怕寒冷，外界气温越低，它的工作效率越高。但它的不足之处是：效率比柴油机低，噪声大，对材料的耐热性高，这在一定程度上制约了燃气轮机车的发展。如果克服了这些缺点，燃气轮机车在交通领域中的发展前景将十分可观。

1934 年，苏联研制出 VM 型柴油机车，最高速度 72 km/h。这是苏联铁路的第一代试验性柴油机车车型之一，仅试制一台，并未投入批量生产。

1947 年，苏联研制出第一代 TE1 型柴油机车，TE1 型机车采用直—直流电传动，至1950 年共生产了近 300 台。

20 世纪 50 年代中期，内燃机车已占统治地位。第二次世界大战后，柴油机车的性能和制造技术迅速提高，内燃机车用柴油机多数装配了废气涡轮增压器，功率比"二战"前提高了 50%，并逐渐向大功率发展，加之石油价格低廉，促进了内燃机车的发展。美国、英国、加拿大等国都在 10 年左右的时间内实现了内燃机车化。

1956 年，匈牙利 MáVAG 制造出 DVM2 - 2K 型直—直流电传动内燃机车，主要用于调车及小运转作业。

在中国，该型车的车型代号为 $ND_1$（ND 为内燃、电传动的汉语拼音首字母缩写）。$ND_1$ 型内燃机车累计进口了 14 台，最高速度 80 km/h。

1959 年起，苏联研制出 TG102 型干线客运柴油机车，最高运行速度为 120 km/h。TG102 型机车是苏联国内少数能够投入批量生产的液力传动干线柴油机车车型之一，设单司机室，因此通常双机重联使用，至 1965 年，累计生产 79 台。

20 世纪 50 年代末，美国 EMD 公司研制出 DD35 内燃机车。

1960 年起，苏联研制出 TE10 型柴油机车系列电传动柴油机车，总产量超过 8 500 台。同年起，苏联研制出 TEM2 型柴油机车，最高运行速度为 100 km/h。这是苏联国内产量最大的铁路机车车型之一，至今仍然是俄罗斯铁路的主力调车机车。至 1984 年，累计生产6 224 台。

1961 年起，苏联研制出 TEP10 型干线客运柴油机车，最高运行速度为 120 km/h。至 1968

年，累计生产 335 台。同年，苏联研制出 TEP60 型干线客运柴油机车，最高运行速度为 160 km/h。TEP60 型机车是苏联的第二代柴油机车车型之一，至 1985 年，累计生产 1 241 台。

1960 年起，罗马尼亚克拉约瓦电力机车设备公司从瑞士引进机车全套技术专利和生产许可授权后，开始大量生产罗马尼亚最为著名的 060DA 型电力传动柴油机车。

1972 年，中国引进 060DA 型柴油机车后命名为 ND₂ 型（"N"代表内燃机车，"D"代表电力传动，"2"代表第二种进口内燃机车型号）。该车是以 060DA 型机车为基础，根据中国铁路的使用要求进行改进的客运用机车，最高速度 120 km/h，共生产 284 台。从 1985 年起，出口至中国的 ND₂ 型机车在原 ND₂ 型机车基础上由棚式车体改为外走廊罩式车体，并修改了转向架设计和传动齿轮比，机车最高速度为 100 km/h，命名为 ND₃ 型（"N"代表内燃机车，"D"代表电力传动，"3"代表第三种进口内燃机车型号），最高速度 100 km/h，共生产 88 台。

1963 年，苏联科洛姆纳机车厂在 TEP60 型机车的基础上试制了两台 GP1 型客运燃气轮机车。

1960 年，联邦德国亨舍尔公司研制出 V320 型液力传动柴油机车。

中国购买 4 台 V320 型液力传动柴油机车。1967 年运抵中国，并定型为 NY₅ 型（"N"代表内燃机车，"Y"代表液力传动）。作为客运（最高速度 160 km/h）或货运（最高速度 120 km/h）机车使用。在 1970 年代，中国又购买了 NY₆ 型液力传动柴油机车 10 台、NY₇ 型液力传动柴油机车 20 台。

1963 年起，捷克斯洛伐克研制出 ChME3 型柴油机车，最高运行速度 95 km/h。这是苏联第二代柴油机车的车型之一，至今仍然是俄罗斯铁路的主力调车机车，与 TEM2 型柴油机车共同占了俄罗斯调车柴油机车车队的九成以上。至 1991 年，累计生产 7 459 台。

1965 年起，苏联研制出 M62 型柴油机车，最高运行速度 100 km/h。这是苏联第二代柴油机车的车型之一，大量出口到许多华约组织成员国、社会主义国家，包括捷克斯洛伐克、蒙古、古巴等地。至 1994 年，累计生产 5 231 台。

1965 年，法国研制出 CC70000 型电传动柴油机车，最高运行速度为 140 km/h。这是当时世界上单位重量功率最大的电力传动柴油机车。至 1974 年，累计生产 92 台。

中国引进 CC70000 型柴油机车后，命名为 ND₄ 型（"N"代表内燃机车，"D"代表电力传动，"4"代表第四种进口内燃机车型号），由法国阿尔斯通公司于 1970 年代初以 CC70000 型机车为基础设计制造，最高速度 100 km/h；共生产 50 台。

1966 年，苏联研制出 TG16 型窄轨干线柴油机车，最高运行速度 85 km/h。至 1974 年，累计生产 95 台。

1969 年，美国 EMD 公司研制出 DDA40X 内燃机车（以 DD35 内燃机车为基础），此机车使用两台 16 V 的 645 发动机，8 轴分为两个 4 轴转向架，相当于两个 GP40 机车机组捆绑在一台机车上。机车总功率 4 854 kW（6 600 马力），这个功率作为人类创造过的单节机车的最大功率，和它 30 m 的最长单节机车长度一样，一直没有挑战者。20 世纪 60 年代末，EMD 公司研发了 SD40 系列机车。

1970 年，联邦德国、瑞士合作研制出 DE2500 型柴油机车，这是世界上第一种采用交流传动技术的铁路机车。

1971 年，苏联研制出第三代大功率干线货运 2TE116 型柴油机车。2TE116 型机车是双机重联的组合式机车，每组由两节结构相同的机车通过车钩、通过台、重联线等连接而成。机车采用交—直流电传动。

1972 年，美国 EMD 公司研制出 SD40 - 2 型内燃电传动机车（以 DD35 型内燃机车为基础）。

1973 年起，苏联研制出 TEP70 型交—直流准高速干线客运柴油机车车型之一，最高运行速度为 160 km/h。至 2010 年，累计生产 767 台。

1975 年起，苏联研制出 TEP75 型交—直流大功率准高速干线客运柴油机车，属于实验性车型，最高运行速度为 160 km/h，共生产 2 台。

1978 年起，苏联研制出 2TE121 型交—直流大功率干线货运柴油机车。2TE121 型柴油机车是在 2TE116 型机车基础上改进而成的双节重联组合式机车，最高运行速度为 100 km/h。至 1992 年，累计生产 76 台。

1978 年，美国 GE 公司研制出 C36 - 7 型大功率柴油机车。这是"Dash - 7"系列产品中最后一种车型。

> 中国引进 C36 - 7 型柴油机车后命名为 $ND_5$ 型（"N"代表内燃机车，"D"代表电力传动，"5"代表中国第五种进口电传动内燃机车）。第一批 $ND_5$ 型机车编号 001～220，于 1984 年 7 月至 12 月制造。第二批 202 辆机车编号 221～422，最高速度 118 km/h。

1980 年，美国通用电气 GE 公司研制出 40 - 8W 的四轴内燃货运机车。AMTRAK 公司和 GE 公司协商，并进一步研发出了 P42DC 和 P42AC 等内走廊客运机车。而 EMD 则采用 GP 和 SD 系列的同型号机车的发动机和电气部分，改出好几种客运机车，如 F40PH、F59PH 系列等机车。

1989 年起，苏联研制出 TEP80 型交—直流大功率准高速干线客运柴油机车，最高运行速度为 160 km/h（1993 年 10 月 5 日第二台 TEP80-0002 创造了 271 km/h 内燃机车的速度纪录，该台机车目前陈列在圣彼得堡瓦尔沙夫斯基铁路博物馆）。该车属于实验性车型，仅生产 2 台。

1992 年起，俄罗斯开始批量生产 TEM18 型柴油机车，该机车适用于铁路干线和工业企业的调车作业。除了俄罗斯以外，TEM18 型机车也出口至哈萨克斯坦、土库曼斯坦、蒙古国、波兰、几内亚等国，最高运行速度 100 km/h。

20 世纪 90 年代将作为内燃机车技术进步最快的时期而载入史册。美国 MK 公司用一台 3 728.5 kW 的 Caterpillar 柴油机装入 MK5000C 型内燃机车，代表了当前内燃机车发展的新水平。机车内燃机的微机控制、电子制动装置、自诊断系统，以及流线型车身、舒适性司机室和其他许多新技术的采用，使现代内燃机车成为陆上运输车辆中技术较复杂、现代化程度最高的一种交通工具，在现代交通运输中发挥着重要的作用。20 世纪初，美国通用电气公司组装了一辆汽油机车，用内燃机带动发电机，再通过发电机带动电动机，推动机车前进。柴油机发明后，由于它的经济性好，很快在铁路上得到广泛应用。

20 世纪 90 年代开始，美国开始大力发展交—直—交型内燃机车。EMD 公司研发了 SD70MAC、SD80MAC、SD90MAC，GE 公司研发了 AC4400CW、AC6000CW。2005 年后，两家公司推出的各种减排机车如 ES44 系列、SD70ACe 等，是采用 IGBT 逆变器和强力涡轮增压器的内燃机车。采用 SD90MAC 和 AC6000CW 这两个 16 V 发动机的交—直—交机车已经达到了 4 413 kW（6 000 马力），这估计就是 6 轴内燃时代最后的大功率标杆车了。

20 世纪 90 年代中后期，美国 EMD 公司研制出 SD90MAC/SD90MAC 型交—直—交柴油机车。2003 年，中国在青藏铁路引进先进机车时，EMD 公司以 SD90MAC 型柴油机车为基础，向中国推荐 JT46 型高原柴油机车，但没有中标。美国 GE 公司研制出 C44-9W 型交—直—交柴油机车。2003 年，中国在青藏铁路引进先进机车时，GE 公司以 C44-9W 型柴油机车为基础，提出 C38AChe 型高原柴油机车的方案，于 2004 年 10 月获得铁道部 78 台 C38AChe 型柴油机车的订单，命名为 $NJ_2$ 型（"N"代表内燃机车，"J"代表交流传动），最高速度 120 km/h。

2002 年，加拿大铁路动力混合技术公司（Rail Power Hybrid Technologies Corp.）研发出"绿山羊"（Green Goat）混合动力调车机车，该机车由 EMD 公司 GP9 型内燃机车改造而成。机车的牵引电动机由一组大型的铅酸蓄电池供电。该蓄电池由一台低噪声柴油机驱动的小型发电机连续补充充电。柴油机只有当需要时才运转，使蓄电池一直处于理想的充电状态。

2005 年，俄罗斯开始制造 2TE25K 型大功率干线货运柴油机车，2TE25K 型柴油机车为双节重联组合式机车，由两节结构相同的单独机车联挂而成，采用交—直流电传动，并采用了许多以往未曾在苏联和俄罗斯柴油机车应用的新技术，如模块化设计、牵引电动机独立控制、径向转向架等。该车最高速度 120 km/h。

2006 年，阿尔斯通公司研发出 BR203.7 型混合动力调车机车样车。该机车是以原 202 型液力传动内燃机车为基础进行现代化改造的。机车有 3 种驱动工况：柴油发电机组驱动，蓄电池组驱动，同时使用两种动力源驱动。

2006 年，俄罗斯开始制造 2TE25A 型大功率干线货运柴油机车（简称 2TE25A 型柴油机车），该机车是俄罗斯第一种采用交流传动技术的柴油机车。2TE25A 型柴油机车是在 2TE25K 型柴油机车基础上改进而成的，两者总体结构相似、功率等级相同，均为双节重联组合式机车，最高速度 120 km/h。

2007 年，美国通用电气（GE）公司研制出 ES44AC 型创新系列混合动力机车样车。

2010 年，俄罗斯开始制造 2TE116UM 型柴油机车，该机车功率达到 $2 \times 2\,648$ kW（3 600 马力），最高速度 120 km/h。

内燃机的发展历史已经有一百多年，经久不衰，现在还充满发展活力，这既是内燃机技术不断发展、完善的结果，也是内燃机满足社会需要、表现出自身价值的结果。内燃机被誉为 20 世纪的重大科技成就之一，为 20 世纪的人类社会进步做出了巨大的贡献！21 世纪的内燃机正在扬起清洁能源技术的风帆，继续崭新的征程。

## 内燃机车构成及工作原理

# 一、内燃机车构成

内燃机车一般由柴油机、传动装置、走行部、车体、车架、车钩缓冲装置、制动系统、辅助装置和控制设备组成。

▶ 内燃机车 ◀

## （一）柴油机

柴油机是内燃机车的动力装置，其主要结构参数包括汽缸数、汽缸排列形式、汽缸直径、活塞冲程、增压与否等。现代机车用的柴油机都配装废气涡轮增压器，以利用柴油机废气推动涡轮压气机，把提高了压力的空气经中间冷却器冷却后送入柴油机进气管，从而大幅度提高了柴油机功率和热效率。

▶ 柴油机 ◀

① 柴油机工作有四冲程和二冲程两种方式，同等转速的四冲程机的热效率一般高于二冲程机，所以大部分采用四冲程。

② 柴油机按转速分为高速机、中速机和低速机。为满足各种功率的需要，生产有相同汽缸直径和活塞的各种缸数的产品。功率较小的用 6 缸、8 缸直列或 8 缸 V 型，功率较大的用 12、16、18、20 缸 V 型，其中以 12、16 缸的最为常用。

## （二）传动装置

传动装置是为使柴油机的功率传到动轴上能符合机车牵引要求而在两者之间设置的媒介装置。柴油机扭矩－转速特性和机车牵引力－速度特性完全不同，不能用柴油机来直接驱动机车动轮，这是因为：①柴油机有一个最低转速，低于这个转速就不能工作，柴油机因此无法起动机车；②柴油机功率基本上与转速成正比，只有在最高转速下才能达到最大功率值，而机车运行的速度经常变化，使柴油机功率得不到充分利用；③柴油机不能逆转，机车也就无法换向。所以，内燃机车必须加装传动装置来满足机车牵引要求。

干线内燃机车的传动方式主要有液力传动和电力传动两种方式。

### 1. 液力传动

液力传动是使用扭力转换器用液力把内燃机的动力传到车轮上。扭力转换器主要有三个浸在传动油的部分：离心泵、涡轮及中间固定导轮。离心泵连着内燃机，当内燃机转动时，离心泵随之转动，把传动油经过导轮吹向涡轮。涡轮被传动油带动而旋转，再带动车轮旋转。液力传动机车操纵简单、可靠，特别适用于多风沙和多雨的地带。

▶ 液力传动内燃机车 ◀

## 2. 电力传动

电力传动内燃机车是内燃机车的一种类型，它先通过柴油发电机将柴油的化学能经燃烧放热膨胀做功转化成电能，再将电能通过电动机转化成机械能传递至车轮。相比燃气轮机车、液力传动内燃机车和机械传动内燃机车，其综合性能要强很多，应用最为广泛。

▶ 电力传动内燃机车 ◀

电力传动装置分为三种类型。一是直流电力传动装置，牵引发电机和电动机均为直流电机，发动机带动直流牵引发电机，将直流电直接供各牵引直流电动机，驱动机车动轮；二是交—直流电力传动装置，发动机带动三相交流同步发电机，发出的三相交流电经过大功率半导体整流装置变为直流电，供给直流牵引电动机，驱动机车动轮；三是交—直—交流电力传动装置，发动机带动三相同步交流牵引发电机，发出的交流电通过整流器到达直流中间回路，中间回路中恒定的直流电压通过逆变器调节其振幅和频率，再将直流电逆变成三相变频调压交流电压，并供给三相异步牵引电动机，驱动机车动轮。

## （三）走行部

内燃机车走行部采用转向架的形式。转向架是机车的走行装置，又称台车，由构架、旁承、轴箱、轮对、车轴齿轮箱（电力传动时包括牵引电机）、弹簧、减振器、均衡梁，以及同车架的连接装置、基础制动装置等主要部件组成，其作用是承载车架及其上面装置的重量，传递牵引力，帮助机车平衡运行和顺利通过曲线。

▶ 转向架 ◀

内燃机车的转向架一般为具有两个 2 轴或 3 轴的转向架，极少数机车用 4 轴转向架。机车转向架由构架、轮对、轴箱、一系弹簧悬挂装置、二系弹簧悬挂装置、牵引装置、牵引电动机、齿轮传动装置、基础制动装置等部分组成。轴箱与转向架构架之间在垂向用一系弹簧悬挂装置相连，转向架构架与车体之间在垂向用二系弹簧悬挂装置相连。一、二系弹簧悬挂装置通常还并联有油压减振器，使机车在轨道上走行时的垂向冲击得到缓冲和衰减，速度较高的机车转向架构架与车体之间设有横向减振器，在横向上能弹性横动，使速度较高时机车的横向平稳性较好。速度超过 120 km/h 的机车转向架构架与车体之间在两侧纵向设置抗蛇行减振器，保证机车的横向稳定性。

## （四）车体与车架

内燃机车车体主要由司机室、车顶、侧壁、间壁、车架和排障器等部分组成。车体内部根据安装设备的不同，用间壁分成若干个室，如动力室、电气室、冷却室、变压器室等。车体按外形可分为罩式车体和棚式车体两种，罩式车体又称为外走道式，外形矮小，车架承载，车体上部罩壳部分仅为保护机械、电气设备而设，通常司机室布置在机车的中部，也有设在端部的，高出并宽于车体的其他部分，以便于司机的瞭望；走道在车罩外，乘务人员检查设备时必须打开罩侧面的门；罩式车体结构简单，一般多用于小功率机车，如调车机车、工矿机车等。棚式车体又称为内走道式，外形高大，内部除安装机械、电气设备外，还有可供乘务人员通行的走道，司机室布置在一端或两端，瞭望视线开阔，外形可设计成流线型，干线机车一般都采用棚式车体。

▶ 带司机室的内燃机车 ◀

车架是机车的骨干，也是安装动力机、车体、弹簧装置的基础。车架为一矩形钢结构，由中梁、侧梁、枕梁、横梁等主要部分组成，上面安装有柴油机、传动装置、辅助装置和车体（包括司机室），下面由两个转向架支撑并与车架相连，车架中梁前后两端的中下部装设车钩、缓冲装置。车架承受荷载最大，并传递牵引力使列车运行。因此，车架必须有足够的强度和刚度。

## （五）车钩缓冲装置

车钩缓冲装置是用于使车辆与车辆、机车或动车相互连挂，传递牵引力、制动力，并缓和纵向冲击力的车辆部件。它由车钩、缓冲器、钩尾框、从板等组成一个整体，安装于车底架构端的牵引梁内。

▶ 车钩缓冲装置 ◀

## （六）制动系统

内燃机车都装有一套空气制动机和手制动机。此外，多数电力传动机车增设电阻制动装置，液力传动机车装设液力制动装置。

## （七）辅助装置

辅助装置是用来保证柴油机、传动装置、走行部、制动装置和控制调节设备等正常工作的装置。主要辅助设备包括：

① **燃油系统** 保证给柴油机供应燃油的设备及管路系统；

② **冷却系统** 保证柴油机和液力传动装置能够正常工作的冷却设备和管路系统；

③ **机油管路系统** 给柴油机正常润滑的设备及管路系统；

④ **空气滤清器** 过滤空气中灰尘等脏物的装置；

⑤ **压缩空气系统** 供给列车的空气制动装置、砂箱、空气笛及其他设备压缩空气的系统；

⑥ **辅助电气设备** 蓄电池组、直流辅助发电机、柴油机起动电机等。

## （八）控制设备

控制设备是控制机车速度、行驶方向和停车的设备，主要包括机车速度控制器、换向控制器、自动控制阀和辅助制动阀。此外，控制设备还包括操纵台上的监视表和警告信号装置：

① 空气、水、油等压力表；

② 主要部位温度表、电流表、电压表；

③ 主要部位超温、超压或压力不足等音响和显示警告信号。

为了保证安全，便于操作，内燃机车上还装设有机车信号和自动停车装置。

# 二、电力传动内燃机车工作原理

## （一）交流传动型内燃机车工作原理

交流传动型内燃机车采用异步电动机产生牵引动力，工作原理如下：

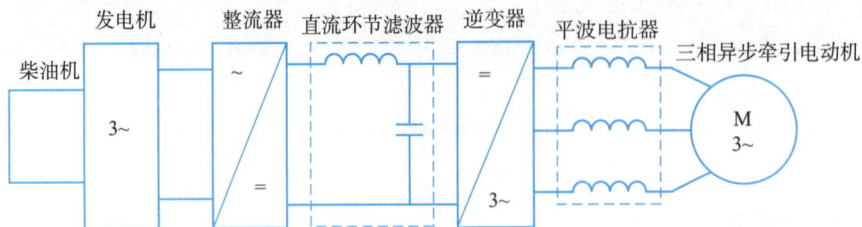

▶ 交流传动型内燃机车工作原理图 ◀

燃料在汽缸内燃烧，所产生的高温、高压气体在汽缸内膨胀，推动活塞往复运动，连杆带动曲轴旋转对外做功，燃料的热能转化为机械功，通过发电机→整流器→直流环节滤波器平滑脉动［消除或减少谐波含量（5 次谐波），改善机车的功率因数］→逆变器（将直流电逆变为电压和频率可调的三相交流电）→平波电抗器［降低电机、电缆中高频成分，控制噪声传播，抑制电机起动过程中的谐波分量，使频繁断开电机电路时不损坏变频器（通过三相霍尔电流传感器对变频器输出端采取完善的短路保护措施）］→三相异步牵引电动机，实现牵引运行。

## （二）直流传动型内燃机车工作原理

直流传动型内燃机车采用直流电动机产生牵引动力，工作原理如下：

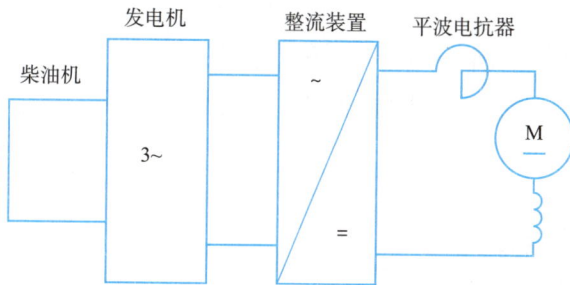

▶ 直流传动型内燃机车工作原理 ◀

燃料在汽缸内燃烧，所产生的高温、高压气体在汽缸内膨胀，推动活塞往复运动，连杆带动曲轴旋转对外做功，燃料的热能转化为机械功，通过发电机→整流装置→平波电抗器→直流（脉流）牵引电动机，实现牵引运行。

### 任务拓展

请调研世界主要国家内燃机车对该国经济发展的作用。

# 任务三 熟悉电力机车发展历程

## 任务描述

1. 了解电力机车发明和发展历程。
2. 熟悉电力机车构成及工作原理。

## 任务背景知识

第二次工业革命是指19世纪中期，欧洲国家和美国、日本的资产阶级革命或改革的完成，促进了经济的发展。19世纪60年代后期，开始第二次工业革命。人类从此进入了"电气时代"。

## 电力机车概述

电力机车（electric locomotive）是指由电动机驱动车轮的机车。因为电力机车所需电能由电气化铁路供电系统的接触网或第三轨供给，所以它是一种非自带能源的机车。

电力机车具有功率大、过载能力强、牵引力大、速度快、整备作业时间短、维修量少、运营费用低、便于实现多机牵引、能采用再生制动及节约能量等优点。使用电力机车牵引车列，可以提高列车运行速度和承载重量，从而大幅度地提高铁路的运输能力和通过能力。

电力机车的类别划分，有以下几种分类方式。

### （一）按使用领域分类

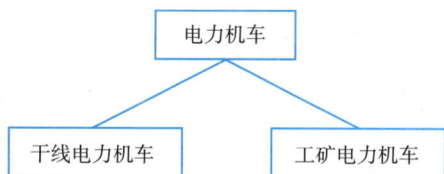

▶ 电力机车按使用领域分类 ◀

① **干线电力机车**　适用于在国家铁路干线担当牵引任务的电力机车。

② **工矿电力机车**　多采用直流制，功率和速度一般比干线电力机车小，习惯上按机车的黏着重量分为150，100，85，70，60，50 t 级或更轻等级。较大吨级的工矿电力机车用于标准轨距线路，较轻型的工矿电力机车多用于各种窄轨距线路。

### （二）按照电气化铁路采用的电流制分类

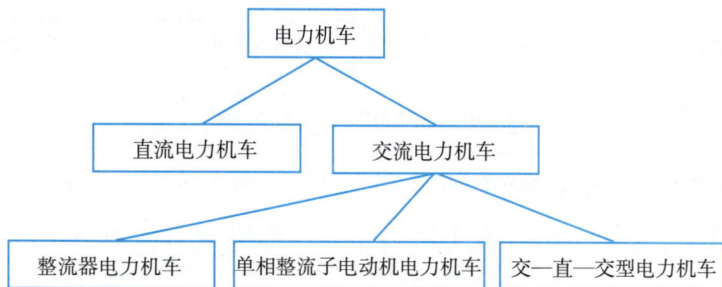

▶ 电力机车按照电气化铁路采用的电流制分类 ◀

① **直流电力机车**　装有直流串励牵引电动机的机车，接触网电压为 1 500 V 或 3 000 V 直流电压。直流电力机车的起动和速度调节以往是借助于调节起动电阻和牵引电动机的串

联－并联转换来完成的，但这种起动和调速方式不能做到连续平滑地调节速度，而且电能耗损大，线路转换复杂。随着直流斩波技术的发展，此方式逐渐为新的脉冲调压方式所代替。在直流电力机车上，通常采用牵引电动机磁场削弱的办法来提高机车速度，增加机车功率。磁场削弱的级数一般为二级至三级。

② **交流电力机车**　接触网电压 20 kV 或 25 kV，单相工频为 50 Hz 或 60 Hz。在欧洲少数国家如德国、瑞典、瑞士等国也有采用单相低频交流制的，此时接触网电压为 11～16 kV，单相工频为 25 Hz。交流电力机车根据变流装置和牵引电动机类型不同，主要有以下三种类型。

◆ **整流器电力机车**　20 世纪应用最广的一种交流电力机车。在整流器电力机车上，接触网上的单相高压交流电首先通过牵引变压器降压，然后通过由硅整流元件或晶闸管组成的整流装置将单相交流电变换为直流电，供给牵引电动机。一般采用脉流串励电动机作为牵引电动机。

◆ **单相整流子电动机电力机车**　又称直接式交流电力机车，采用单相整流子牵引电动机。接触网上的高压交流电经过变压器降低电压后，直接供电给牵引电动机。这种机车电气设备简单，但单相整流子电动机的换相条件随交流电频率的增高而恶化，因此多用于单相低频交流制的电气化铁路上。

◆ **交—直—交型电力机车**　目前应用最广的一种交流电力机车。接触网上的高压交流电首先通过牵引变压器降压、整流，使中间直流环节保持稳定的直流电压或稳定的直流电流，然后再由逆变电路将中间直流电变换为三相交流电，供给三相异步牵引电动机或三相同步牵引电动机。

## （三）按照运用分类

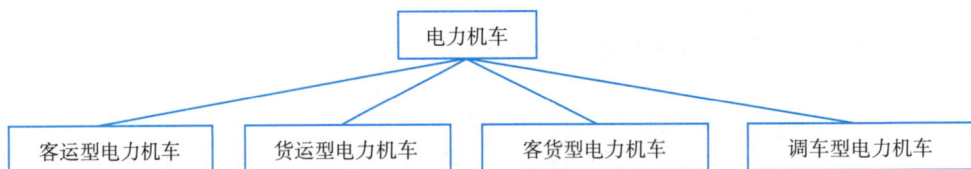

电力机车

客运型电力机车　货运型电力机车　客货型电力机车　调车型电力机车

▶ 电力机车按照运用分类 ◀

① **客运型电力机车**　牵引客车的机车。机车的牵引力较小，运行速度高。

② **货运型电力机车**　牵引货车的机车。机车的牵引力较大，运行速度要求在 100～120 km/h。

③ **客货型电力机车**　又称客货通用电力机车，既可以牵引较重（辆数多）的客车，也可以牵引较轻的货车，其性能介于客运型电力机车和货运型电力机车之间。

④ **调车型电力机车**　主要在车站完成车辆转线及货场取送车辆等各项调车作业，它的特点是机动灵活，因此车身较短，能通过较小的曲线半径，而速度相对要求不高。

## （四）按照速度分类

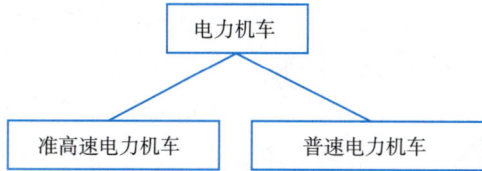

```
          电力机车
         /        \
   准高速电力机车    普速电力机车
```

▶ 电力机车按照速度分类 ◀

① **准高速电力机车** 牵引速度高于 160 km/h 客运列车的机车。

② **普速电力机车** 牵引速度不高于 160 km/h 客运列车的机车。

## （五）按照功率大小分类

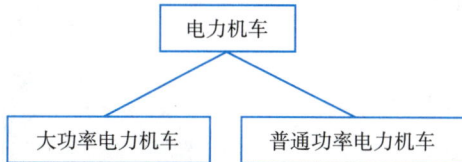

```
          电力机车
         /        \
   大功率电力机车    普通功率电力机车
```

▶ 电力机车按照功率大小分类 ◀

① **大功率电力机车** 由于单台机车功率大，用于牵引重载列车。

② **普通功率电力机车** 由于单台机车功率较小，用于牵引一般列车或客车。

## （六）按照运用区段（海拔高度）分类

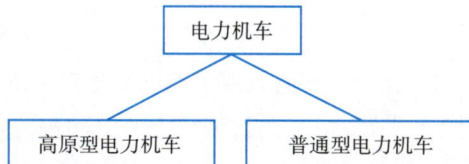

```
          电力机车
         /        \
   高原型电力机车    普通型电力机车
```

▶ 电力机车按照运用区段分类 ◀

① **高原型电力机车** 适应高海拔地区（如青藏高原）使用的机车。

② **普通型电力机车** 仅适用于低海拔地区使用的机车。

## （七）按照机车轴数分类

① **四轴车** 轴式为 $B_0$—$B_0$。

② **六轴车** 轴式为 $C_0$—$C_0$、$B_0$—$B_0$—$B_0$。

③ **八轴车** 轴式为 $2（B_0$—$B_0）$。

④ **十二轴车** 轴式为 $2（C_0$—$C_0）$、$2（B_0$—$B_0$—$B_0）$。

▶ 厄恩斯特·沃纳·冯·西门子 ◀

厄恩斯特·沃纳·冯·西门子（Ernst Werner von Siemens，1816—1892），德国发明家、企业家，西门子公司创始人。电动机、发电机、有轨电车、指南针式电报机的发明人，改进过海底电缆，提出过平炉炼钢法，革新了炼钢工艺。

1888 年，西门子被德国皇帝腓特烈三世授予普鲁士贵族称号。1890 年西门子退休。直到现在，德国科技成就最高荣誉奖都以厄恩斯特·沃纳·冯·西门子命名。西门子不仅是一个发明家，而且还是一个有远见的企业家。当他 1892 年在夏洛滕堡去世时，他已经建立了一个庞大的西门子商业帝国。

## 直流发电机的发明

1866 年，西门子提出了发电机的工作原理，并由西门子公司的一名工程师据此制造出了人类历史上的第一台自励式直流发电机。这一发明标志着电气工程时代的到来。西门子因此成为电气工程的同义词，甚至德文"Elektrotechnik"（电气）一词就是由他创造的。同年，西门子还发明了第一台直流电动机。

▶ 自励式直流发电机 ◀

西门子研发的这些技术往往马上被产品化并投入市场，或者将其应用到新的产品中，例如有轨电车（1881）、无轨电车（1882）、电梯（1880）、电气火车（1879）等都是西门子公司利用其创始人的发明最先投入市场的。具有讽刺意味的是，直到 20 世纪末才开始有所发展的电动汽车，也是西门子公司在 1898 年最先发明的。

▶ **齐纳布·格拉姆** ◀

齐纳布·格拉姆（Gramme, Zénobe Théophile, 1826—1901），比利时裔法国发明家，发明了电动机。

格拉姆在学校里的成绩欠佳。但是，他的双手非常灵巧，摆弄电气设备却是一个高手。1856年，格拉姆来到巴黎，在一家专门制造电气设备的公司里谋到一份工作。1867年，他制成了一台改进型的交流发电机；1869年，他又搞出了真正能用于工业生产的发电设备——一台直流发电机。

电力工业是建立在格拉姆发明的这两种发电机之上的。这两项发明的横空出世，预示着一个崭新的电气化时代的到来，为取代蒸汽机的时代拉开了序幕。

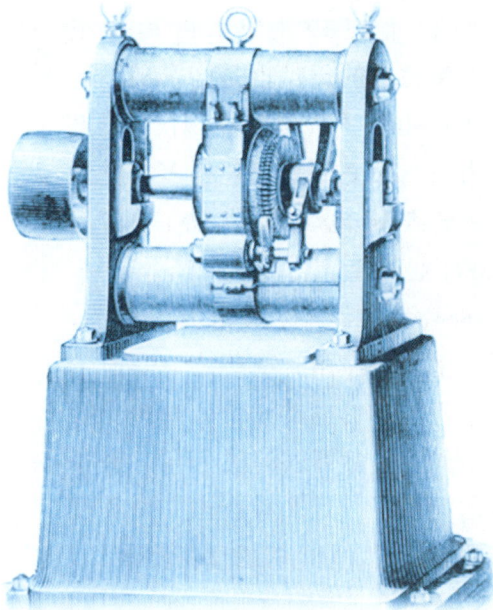

## 直流电动机的发明

1873年，奥地利维也纳世博会上，齐纳布·格拉姆送展了环状电枢自激直流发电机。在布展中，他接错了线，把别的发电机发的电，接在了自己发电机的电流输出端。这时，他惊奇地发现，第一台发电机发出的电流进入第二台发电机电枢线圈里，使得这台发电机迅速转动起来，发电机变成了电动机。在场的工程师、发明家们欣喜若狂，多年来追寻的廉价电能发现却是如此简单，但又令人难以置信，它意味着人类使用伏打电池的瓶颈终于被突破。这批工程师们在欣喜之余，立即设计了一个新的表演区，即用一个小型的人工瀑布来驱动水力发电机，水力发电机的电流带动一个电动机运转，电动机又带动水泵来喷射水柱泉水，看得观众兴奋不已。这一事件，直接促进了实用电动机的问世。

▶ 格拉姆的直流发电机 ◀

**◢ 尼古拉·特斯拉 ◣**

尼古拉·特斯拉（Nikola Tesla，1856—1943），塞尔维亚裔美籍发明家、机械工程师、电气工程师。

特斯拉被认为是历史上一位重要的发明家。他在19世纪末和20世纪初对电和磁性的贡献也是知名的。他的专利和理论工作形式依据现代交变电流电力（AC）的系统，包括多相电力分配系统和AC电动机，帮助了他带起第二次工业革命。

1884年，特斯拉来到美国纽约，被爱迪生公司雇用。特斯拉为爱迪生公司进行简单的电器设计，他进步很快，不久以后就可以解决公司一些非常难的问题了，后来特斯拉完全负责了爱迪生公司直流电机的重新设计。

## 交流电动机的发明

1888年，美国发明家特斯拉根据电磁感应原理发明了交流电动机。这种电动机结构简单，使用交流电，无须整流，无火花，因此被广泛应用于家庭电器中。交流电动机通常用三相交流电供电。

**相关故事：** 特斯拉曾代表西屋电气公司与爱迪生进行过电流大战，最终西屋公司取得了芝加哥博览会的照明权，1893年1月，主办方通过特斯拉的交流电系统点亮了会场的9万多盏电灯，刹那间灯光照亮了全场，照得黑夜如同白昼，许多在场的贵妇都纷纷昏厥了过去。这场博览会成了电流大战的决胜关键，而特斯拉在电流大战中获胜，成了英雄，所以特斯拉被认为是交流电之父。

## 电力机车（主要）发展历程

1835 年，美国铁匠托马斯·达文波特用自己设计的迷你电机进行了世界上第一次电车试验，并申请了专利，不过这次试验的象征意义大于实用意义，因为电车仅走了很短的距离，仅仅证明电池可以作推动力而已。

1835 年，荷兰的斯特拉廷和贝克尔两人试着制作以电池供电的二轴小型铁路车辆。

1837 年，苏格兰人 R. 戴维森（Robert Davidson）造出一台用直流电池驱动的机车模型，在这个基础上他又造出一台用锌 – 酸电池供电的重 7 t 的四轮电力机车，命名为"伽尔瓦尼"（Galvani）。

1842 年 9 月，苏格兰人 R. 戴维森首先造出一台用 40 组电池供电的重 5 t 的标准轨距电力机车。在爱丁堡—格拉斯哥铁路上进行了测试。由于设计很原始，机车只能在没有任何负载的情况下以 6.4 km/h 的速度行驶，和人走路的速度差不多，不过终于可以走了。

1863 年 1 月，英国伦敦建成了世界上第一条地下铁路，一列地铁列车能载客 800 ~ 1 200人。

1879 年，德国人西门子制造出一台小型电力机车。

1880 年，美国人爱迪生也进行了电车的实验。

1881 年，德国试验成功架空接触导线供电系统，使电力机车的供电线路由地面转向空中，电力机车的电压和功率都大大提高。

1885 年，西门子-哈尔斯克公司成立，修建了长 6 000 m 的电气化铁路，首次采用高架电线来输送电流。

1866 年，德国工程师西门子与技师哈卢施卡联合创立电机公司，发明强力发电机，制成世界上第一列电力机车。

1879 年，在柏林的工商业博览会上，世界上最早的电力火车公开试运行，列车用电力机车牵引，由带电铁轨输送电流，功率为 2.2 kW（3 马力），一次可运旅客 18 人，速度达到 7 km/h。

1881 年，西门子在柏林的里希特菲尔德建立了世界上第一条电力机车线路，长约 3 km。德国又成功试验架空接触导线供电系统，使电力机车的供电线路由地面转向空中，电力机车的电压和功率也都大大提高。

1890 年，英国伦敦在 5.6 km 长的一段地下铁道上，首先用电力机车牵引车辆，开启了铁路的商业化运营。

1895 年，美国制造出世界上第一台大型干线电力机车（B&O），在巴尔的摩—俄亥铁路线上的巴尔的摩隧道区段运行，该机车采用 675 V 直流电，自重 97 t，功率 1 070 kW。

1891 年，瑞士苏黎世的查尔斯·布朗尝试用三相交流电进行长距离电力传输，从一个水电厂向 280 km 以外的内卡河畔劳芬车站和美因河畔法兰克福车站输电。1896 年他所在的公司苏黎世（Oerlikon，ABB 集团的前身）建造了世界上第一条交流供电铁路，规格为 750 V/40 Hz。

1901 年，西门子、哈卢施卡电机公司制造的电力机车在柏林附近创造了 160 km/h 的纪录。

1903 年 10 月 28 日，西门子公司研制的三相交流电力机车在柏林附近的曼菲尔德—措森线上，创造了 210.2 km/h 的世界高速纪录，开启了电气化高速铁路的时代。

1904 年，瑞士又架设了单向交流电压 1.5 万 V 的高压电线，为 367.7 kW（500 马力）功率的 BB 型电力机车供电。从此，电气化铁路迅速发展起来。

1914 年，我国抚顺煤矿开始使用 1 500 V 直流电力机车。

1932 年，苏联研制出 VL19 型直—直传动电力机车，最高速度 85 km/h，至 1938 年生产 145 台。

1947 年，苏联研制出 VL19M 型直—直传动电力机车，最高速度 90 km/h。

1949 年，法国研制出 CC7000 型干线电力机车，这是法国第一种采用阿尔斯通架承式结构的电力机车，持续功率为 2 980 kW（4 000 马力）。这两台机车在巴黎—波尔多铁路投入运行试验，最高运营速度为 140～160 km/h，最高试验速度达 180 km/h。

1950 年，法国试制了引燃管整流器式电力机车。

1952 年，法国研制出 CC7100 型干线电力机车。CC7100 型机车以其优良性能、高可靠性著称，在 1954 年、1955 年先后两次打破铁路列车最高速度的世界纪录，成为法国在第二次世界大战之后最著名的电力机车车型之一，其改进型出口包括中国在内的多个国家。

1953 年，苏联研制出 VL8 型干线货运双机重联八轴电力机车，最高速度 85 km/h，至 1938 年共生产 145 台。

1954 年，日本研制出 EH10 型双节八轴电力机车，1955 年开始批量生产，由日立制作所、东京芝浦电气、新三菱重工业、川崎车辆设计及生产，最高速度 85 km/h（最高试验速度 120 km/h）。至 1957 年共生产 64 台。

1956 年，德国研制出 E10 型电力机车，主要运用至快速列车服务。它自 1968 年起改称 110 型，其样机在 1952 年成型。由其衍生的亚型也分别重编号为 112 型至 115 型。E10 型机车多年来一直是联邦德国在快速列车运输领域中的最重要车型。最高速度：110 型：150 km/h（后为 140 km/h）；113 型：160 km/h（部分时期为 120 km/h）；114 型：160 km/h（后为 120 km/h）。该机车共生产 5 台。

1957 年，苏联研制出 VL60 型干线货运双机重联八轴电力机车，是苏联第一种投入批量生产的交—直传动干线电力机车，在 1957—1967 年长达 10 年的生产过程中，机车厂对机车进行了多项改进，并衍生了一系列车型，包括改变传动齿轮比、减重设计的客运型 VL60P 型，增加再生制动功能的 VL60R 型，以硅整流器取代引燃管整流的 VL60K 型和

VL60PK 型，试验无级调压的 VL60KU 型，等等。

1958 年，苏联向中国提供了 VL60 型电力机车的设计资料和技术，由株洲机车车辆工厂和湘潭电机厂联合仿制，于 1958 年 12 月试制了中国第一台干线电力机车，定型为 6Y₁ 型，最高速度 100 km/h，至 1967 年共生产 2 618 台。

1958 年，美国发明晶闸管后，晶闸管相控机车问世，使制造大功率机车用逆变器成为现实，工频单相交流制推动了电气化铁路的发展。

1959 年，日本研制出 ED46 型交—直传动电力机车，适用于供电制式为 1 500 V 直流电和 20 kV/50 Hz 的工频单相交流电的电气化铁路，最高速度 110 km/h，仅生产 1 台。

1960 年，联邦德国制成半导体整流器式电力机车，苏联开始研制采用交流异步牵引电动机的电力机车。

1961 年，苏联研制出 VL80 型交—直传动双机重联八轴电力机车，这是苏联的干线货运电力机车车型之一，由诺沃切尔卡斯克电力机车厂在 VL60K 型电力机车基础上研制，在1970 年代至 1980 年代曾经是苏联铁路货运的主力车型。1960 年代末，机车厂又在 VL80K 型机车的基础上研制了具有电阻制动功能的 VL80T 型机车，以及采用不等分三段全控桥调压、具有再生制动功能的 VL80R 型机车。1979 年，在 VL80T 型机车基础上研制出能够多节（三节或四节）自由重联的 VL80S 型机车。

1962 年，日本研制出 EF80 型客货运通用双电流制六轴电力机车。这是日本国有铁道的双电流制电力机车车型之一，最高速度 105 km/h，至 1967 年共生产 63 台。

1962 年，日本研制出 ED92 型交—直传动电力机车，适用于供电制式为 1 500 V 直流电和 20 kV/50 Hz 的工频单相交流电的电气化铁路。1965 年，德国慕尼黑的国际交通展会上，共展示了 4 种名为 E03 的原型机车（在新的编号系统中称为 103.0）。

1969 年，德国研制出 103 型（原型）电力机车，最高速度 200 km/h。1970 年开始量产，至 1973 年共生产 145 台。

1969 年，苏联诺沃切尔卡斯克电力机车厂在 VL80 型 238 号电力机车基础上，试验采用ЭTA－1200 型变频异步牵引电动机和三相交流传动技术。1971 年，苏联诺沃切尔卡斯克电力机车厂使用 HБ－605 型异步牵引电动机和轴控驱动技术试制出 VL80A 型 751 号电力机车，但由于当时异步牵引电动机的变频控制技术尚未成熟，苏联的异步牵引电动机研究工作一度停滞。

1971 年，苏联研制出 VL11 型双机重联 8 轴大功率电力机车，适用于供电制式为 3 kV 直流电的电气化铁路。VL11 型电力机车除了标准的双机重联外，也可以组成三节或四节的重联机车，最高速度 100 km/h，累计生产 1 283 台。

1973—1974 年，爆发石油危机之后，各国对铁路电力牵引和内燃牵引重新进行了经济评价，电力牵引更加受到青睐。这时候，半导体技术和微机控制技术的突破和发展推动了新型电力机车的问世。

1978 年，日本研制出 ED75 型交—直传动电力机车，最高速度 100 km/h，至 1976 年共生产 302 台。

1978 年，美国 EMD 公司研制出 AEM－7 型电力机车，最高运行速度为 140 km/h。至 1999 年，AEM－7 型电力机车有两种型式：一种是使用直流电的原始型式 AEM－7DC，另一种是使用交流电的改进型式 AEM－7AC。

1979 年，苏联研制出 VL84 型双节八轴大功率货运电力机车。VL84 型电力机车是交—直传动的单相工频交流电力机车，仅试制二台，并未投入批量生产。

1979 年，德国制造出第一台 E120 型大功率异步电动机驱动的交—直—交型电力机车，开创了电力机车发展的新纪元。

1980 年，随着半导体技术的进步，苏联诺沃切尔卡斯克电力机车厂恢复异步牵引电动机的研制，并开始研制采用异步牵引电动机的 VL86F 型（双节十二轴大功率）货运电力机车。该型机车采用交—直—交传动方式，小时功率为 11 400 kW，持续功率达到 10 800 kW，是当时世界上功率最大的电力机车车型之一。除了苏联国内的工业企业部门参与该型机车的研制外，芬兰的斯特隆伯格（Stromberg）公司也参加了机车电气部件的试制。首台 VL86F 型电力机车于 1985 年年底投入试运行。然而，由于苏联在 1980 年代后期的经济状况趋向恶化，VL86F 型电力机车未能投入批量生产。当机车完成试验后，A 节机车被送返诺沃切尔斯克电力机车厂，B 节机车被封存于位于莫斯科谢尔宾卡的全苏铁道运输科学研究院环形铁路试验基地。

1983 年，苏联研制出 VL85 型双机重联 12 轴大功率电力机车。VL85 型电力机车是交—直传动的单相工频交流电力机车，每组机车由两台结构相同的 $B_0$—$B_0$—$B_0$ 轴式机车组成。至 1992 年，共生产 270 台。

1985 年，苏联研制出 VL15 型双机重联 12 轴大功率电力机车，适用于供电制式为 3 kV 直流电的电气化铁路，也是目前世界上功率最大的直流电力机车车型之一，VL15 型电力机车是在 VL11 型电力机车基础上，借鉴 VL85 型电力机车的 $B_0$—$B_0$—$B_0$ 轴式改进而成的，为双机重联 12 轴电力机车，由两节结构相同的 $B_0$—$B_0$—$B_0$ 轴式机车连接而成，最高速度 100 km/h。至 1991 年，共生产 50 台。

20 世纪 80 年代中期，德国研制出 102 型交流传动电力机车，共生产 60 台，首台 ICE－1 型电联车的动车组动车也是基于 102 型交流传动电力机车的技术在 1980 年代中期研发成功的。

20 世纪 90 年代，欧洲、日本等主要机车制造厂商几乎已停止了直流传动电力机车的生产，交流传动电力机车已成为世界电力机车发展的主流，目前世界上先进国家新造的大功率电力机车几乎都采用了三相交流传动技术，单轴功率达到 1 000 ~ 1 600 kW 的大功率客货通用型 GTO 变频调速电力机车已经广泛投入运用，在 250 ~ 300 km/h 及其以上的高速领域，交流传动的电动车组独领风骚，在 140 ~ 220 km/h 的快速客货运输领域，交—直型电力机车

（或其他直流传动机车）也被三相交流传动技术所取代。

20 世纪 90 年代，法国阿尔斯通公司研制出 Prima 机车。阿尔斯通的 Prima 机车适用于货运（最高速度 120/140 km/h）和客运交通（最高速度 200 km/h）。

1992 年，德国研制出 ES64P 型交—直—交传动系列电力机车（EuroSprinter）的原型试验车，最高速度 230 km/h，最高试验速度达到 310 km/h，成为当时世界上三相交流传动电力机车的最高速度纪录。该型机车仅生产 1 台。

20 世纪 90 年代中期，德国研制出 101 型交流传动电力机车，取代 103 型电力机车，共生产 145 台，是德国长途列车牵引的法定机车。

1996 年，德国研制出 ES64F 型交—直—交传动重载货运电力机车。该型号机车在 1995 年 9 月开始生产，首台机车（152001 号机车）在 1996 年 12 月 10 日于慕尼黑阿拉赫工厂举行的阶段性推出仪式后移交德国铁路，然后进行了广泛的测试。至 1997 年下半年，又有 3 台机车交付，并完成了进一步的测试。该型号机车在 1997 年 7 月 31 日获得了德国联邦铁道部的设计审批，最高速度 140 km/h，自 1998 年开始批量生产，至 2001 年共生产 170 台。

1998 年，俄罗斯研制出 EP1 型交—直传动干线客运电力机车，由诺沃切尔卡斯克电力机车厂在 VL65 型电力机车基础上研发，主要用于替换日渐老化的 VL60PK、ChS4 型电力机车，并满足干线旅客列车提速的需要。

2000 年，庞巴迪 TRAXX，其注册商标全称为高灵活性的跨国铁路应用机车平台，为德国铁路（DB）制造双电压制式交流传动电机车。随后又开发了可运行于欧洲大多数电气化铁路的直流电制式和四电压制式电力机车，以及自 2006 年起扩展至柴油动力制式的电力机车。至 2012 年，庞巴迪公司已交付超过 1 550 台该系列的客运及货运机车，其主要用户为德国，并在欧洲 16 个国家中运用。

2006 年，俄罗斯研制出 2ES6 型、2ES4K 型直—直传动新型干线电力机车，用于供电制式为 3 kV 直流电的电气化铁路，用于逐步取代苏联时代制造的 VL10、VL11 型电力机车。2ES6 型、2ES4K 型电力机车为双节八轴固定重联的干线货运电力机车，最高速度 120 km/h。

2011 年，俄罗斯研制出 2ES10 型直—交传动新型干线电力机车，用于供电制式为 3 kV 直流电的电气化铁路。

2010 年 5 月，俄罗斯铁路股份公司与西纳拉运输机械股份公司、西门子公司的合资企业乌拉尔机车厂签订了 221 台交流传动货运电力机车的采购合同，由俄罗斯西纳拉运输机械股份公司与德国西门子公司合资成立的乌拉尔机车厂设计制造，最高速度 120 km/h。

## 电力机车构成及工作原理

▶ 电力机车 ◀

# 一、电力机车构成

电力机车由机械部分、电气部分和空气管路部分组成。

## （一）机械部分

机械部分包括走行部和车体。

① **走行部**　承受车辆自重和载重在钢轨上行走的部件，由 2 轴或 3 轴转向架，以及安装在其上的弹簧悬挂装置、基础制动装置、轮对和轴箱、齿轮传动装置和牵引电动机悬挂装置组成。

② **车体**　用来安放各种设备，同时也是乘务人员的工作场所。车体由底架、司机室、台架、侧墙和车顶等部分组成。司机室设在车体的两端，有走廊相通。司机室内安装控制设备，如司机控制器、制动阀、按钮开关、监测仪表和信号灯等。两司机室之间用来安装机车的全部主要设备，有时划分成小室，分别安装辅助机组、开关设备、换流装置及牵引变压器等。部分电气设备如受电弓、主断路器和避雷器等则安装在车顶上。车钩缓冲装置安装在车体底架的两端牵引梁上。车体和设备的重量通过车体支承装置传递到转向架上，车体支承装置并起传递牵引力与制动力的作用。

## （二）电气部分

电气部分包括主电路、辅助电路、控制电路、微机网络控制系统。

① **主电路**　由牵引电动机及与之相连接的电气设备和导线共同组成，决定机车的基本

性能，是电力机车的最重要组成部分。它将接触网上的电能转变成列车牵引所需的牵引动力。

② 辅助电路　供电给电力机车上的各种辅助电机的电气回路，主要用于驱动辅助机械设备，如冷却牵引电动机和制动电阻用的通风机、供给各种气动器械所需压缩空气的压缩机等。

③ 控制电路　由司机控制器和控制电器的传动线圈和联锁触头等组成的低压小功率电路。控制电路使机车主电路和辅助电路中的各种电器按照一定的程序动作，这样司机才可以控制机车。

④ 微机网络控制系统　提供了完善和强大的机车控制功能，主要的控制功能包括机车控制与监控功能、网络通信功能、牵引控制功能、辅助控制功能、检修维护功能等。

### （三）空气管路部分

空气管路部分按用途可分为风源管路系统、空气制动管路系统、控制管路系统、辅助管路系统、双管供风管路系统、机车重联管路系统。

# 二、电力机车工作原理

## （一）交—直—交传动型电力机车工作原理

交—直—交传动型电力机车采用异步电动机产生牵引动力，工作原理如下。

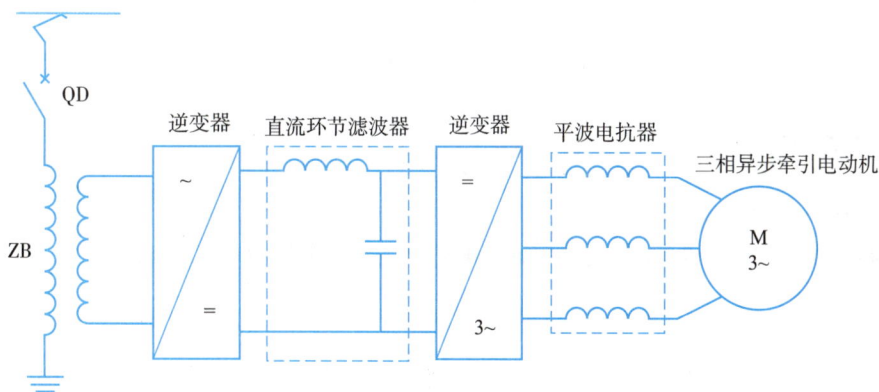

▶ 交—直—交传动型电力机车工作原理 ◀

受电弓将网压引入机车变压器一次侧绕组，经变压器二次侧绕组降压后送入逆变器，将交流电转换为脉动直流电（实现电路可以是不可控整流桥、相控整流桥、四象限脉冲变流器）→直流环节滤波器平滑脉动［消除或减少谐波含量（5次谐波），改善机车的功率因数］→逆变器，将直流电逆变为电压和频率可调的三相交流电→平波电抗器，降低电机、电缆中高频成分，控制噪声传播，抑制电机起动过程中的谐波分量，使频繁断开电机电路时不损坏变频器（通过三相霍尔电流传感器对变频器输出端采取完善的短路保护措施）→三相异步牵引电动机，实现牵引运行。

## （二）交—直传动型电力机车工作原理

交—直传动型电力机车采用直流电动机产生牵引动力，工作原理如下。

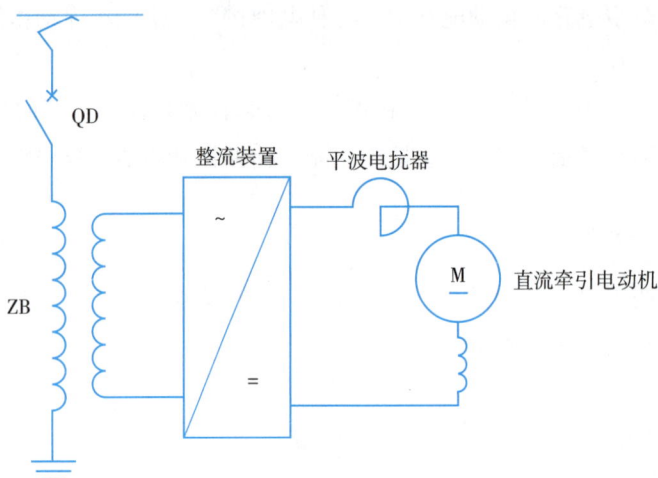

▶ 交—直传动型电力机车工作原理 ◀

受电弓将网压引入机车变压器一次侧绕组，经变压器二次侧绕组降压后送入整流装置，将交流电转换为脉动直流电→平波电抗器→为直流（脉流）牵引电动机供电，实现牵引运行。

## 任务拓展

请调研国外电力机车发展历程，并对比分析各型电力机车。

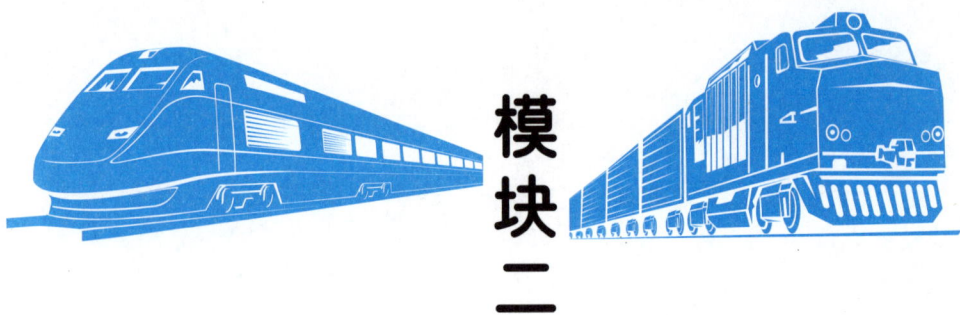

模块二

熟悉国内铁道机车发展历程

一面战斗，一面学习，百折不回，再接再厉。

——毛泽东《为〈八路军军政杂志〉题词》

# 任务一　熟悉我国干线蒸汽机车发展历程

## 任务描述

了解我国干线蒸汽机车发展历程。

## 任务背景知识

1876年，英国人在中国大地上擅自修建了第一条铁路——吴淞铁路。1881年，在英国人的帮助下，中国人建成了自己的第一条铁路——唐胥铁路。1905年，詹天佑自主设计、自主施工的京张铁路建设成功，这是中国具有重要历史地位的一条铁路。

1949年新中国成立后，我国铁路进入快速建设发展期，为我国的经济建设提供了有力的保障。

我国蒸汽机车发展历程大致可以分为两个阶段。

## 第一个阶段：1949 年之前

由于清政府统治时期封建思想的愚昧，使蒸汽机车走进中国比西方国家晚了整整半个世纪。在中国大地上运行的第一台蒸汽机车是在吴淞铁路上行驶的蒸汽机车，这是从英国运来的"先导号"。1881 年，在李鸿章修建的唐胥铁路上，由英国人设计、中国人动手组装的一辆简易内燃机车，几经周折才恢复使用。同时，又从英国进口两台蒸汽机车，命名为"中国火箭号"。在这个阶段，我国以买入国外机车为主，虽有少量制造，但不能自主。

## 第二个阶段：1949 年中华人民共和国成立后

随着铁路运输事业的迅速发展，对机车的需求日益增加，自行制造机车是大势所趋。我国的机车制造从蒸汽机车起步，沿着仿制、改造、自行设计的道路，逐步发展。1952 年，四方机车车辆厂制造出了中国第一台解放型蒸汽机车。其后，四方、大连、唐山、大同等机车车辆厂陆续生产了近万台蒸汽机车。蒸汽机车一度成为我国铁路运输的主要牵引动力。

随着科学技术的进步，蒸汽机车已逐渐被内燃机车和电力机车取代。1988 年 12 月 21 日，大同机车厂停止蒸汽机车生产，标志着中国蒸汽机车制造史代的结束。2005 年 12 月 9 日，在内蒙古大板附近的铁道边上，最后一列蒸汽机车执行完任务后，退出历史舞台。后来，深圳福顺通科技发展有限公司制造的仿蒸汽式的旅游观光小火车，聊以慰藉很多人对于蒸汽机车的怀旧情结。为了保留和发展具有工业革命活化石之称的蒸汽机车，沈阳新阳光机电科技有限公司还投巨资研发、制造了新一代的蒸汽机车，该机车在保留蒸汽机车特点的情况下，对燃烧效率、环保排放、容易驾驶等方面进行了再创新。

## 第一台蒸汽机车

▶ 龙号机车 ◀

1881年，开平矿务局修筑了开平至胥各庄，长11 km的铁路（唐胥铁路）。矿务局英籍工程师金德（C. W. Kinder）制造了一台简陋的蒸汽机车。但由于清廷禁止，这台机车没有使用。唐胥铁路只能以驴、马拉运煤车辆（史称马车铁路）。

1882年，开平矿务局英籍总工R. R. 波爱特（R. R. Burnett）的妻子根据斯蒂芬森在1829年设计制造的"火箭"号蒸汽机车，仿制了"中国火箭"号蒸汽机车。参与机车制造的中国工匠在车头两侧各镶嵌了一条金属造型的龙，因此这台蒸汽机车又称为"龙号机车"。

▶ 0号机车 ◀

目前，中国铁道博物馆收藏着一台中国现存最古老的机车，由于它的机身上有一个大大的"0"字，人们便把它称为"0号机车"。专家考证后认为：唐胥铁路通车后，1882年，中国第一次从英国购来两台小型的0—2—0式（只有两对动轮）蒸汽机车（称0号），这台机车被认为是中国乃至世界上现存最古老的机车之一。

## 新中国干线蒸汽机车

▶ 解放型机车 ◀

1952 年 7 月，四方厂试制成功一台解放型蒸汽机车。它的诞生，揭开了我国蒸汽机车制造史上的新篇章。1956 年 10 月，铁道部组织有关单位对三台解放型蒸汽机车进行技术改造，直至 1960 年，该型机车停止生产。

JF 型机车是 1959 年变更机车型名后对轴式为 1—4—1 的"ㄇㄊ"型机车的统一规范名称。无论是国内新仿制的，还是从日伪军那里接收来的老"ㄇㄊ"型机车，都改称 JF 型机车，二者的区分标志是：车号在2101～2500 之间及 4001 号以上的机车都是国产仿制车。

用途：货运、调车和小运转

轴式：1—4—1

蒸汽压力：1 500 kPa

模数牵引力：236 kN

构造速度：80 km/h

整备质量：103.85 t

累计产量：455 台

## 新中国干线蒸汽机车

▶ 建设型机车 ◀

1956 年，大连机车车辆厂对解放型蒸汽机车进行改进设计，设计成功后于 1957 年 7 月制成第一台机车，毛泽东主席曾亲自登乘。改进后的蒸汽机车命名为"建设型"，车型代号为 JS，并于同年 9 月投入批量生产，至 1965 年停产。

大同机车车辆厂于 1988 年生产的 8419 号建设型蒸汽机车出口到美国依艾奥瓦柏恩峡谷铁路公司，被用做旅游用机车。

用途：货运、调车及小运转

轴式：1—4—1

蒸汽压力：1 500 kPa

模数牵引力：261 kN

构造速度：85 km/h

整备质量：103.321 t

累计产量：1 916 台

## 新中国干线蒸汽机车

▶ 胜利型机车 ◀

胜利型蒸汽机车是四方车辆厂于 1956 年成功制成的客运机车。编号从 601 号开始，至 1959 年停产。

胜利型客运蒸汽机车投入运用后，使长途直达旅客列车扩大了编组，客车数量由 9 辆增至 13 辆，取得了很好的社会经济效益。

用途：干线客运

轴式：2—3—1

蒸汽压力：1 400 kPa

模数牵引力：168. 8 kN

构造速度：110 km/h

整备质量：100. 231 t

累计产量：151 台

## 新中国干线蒸汽机车

▶ 人民型机车 ◀

人民型蒸汽机车，代号 RM。该型机车以胜利 6 型蒸汽机车为技术平台，1957 年由大连机车车辆工厂改进设计，由青岛四方机车车辆厂试制，并由四方机车车辆厂对图纸进行了改进。1958 年 4 月，首台机车试制成功，命名为"人民型"，并开始批量生产。人民型蒸汽机车不少零部件可以与建设型蒸汽机车互换使用。

与胜利型蒸汽机车相比，人民型蒸汽机车单位功率耗煤量降低 11.8%。在平道上牵引 800 t 客车速度可达到 94.5 km/h，适用于长途运行。1963 年后，机车加装了导烟板。1966 年，该型机车停产。

用途：干线客运

轴式：2—3—1

蒸汽压力：1 400 kPa

模数牵引力：177 kN

构造速度：110 km/h

整备质量：100.231 t

累计产量：258 台

## 新中国干线蒸汽机车

▶ 和平型机车 ◀

和平型蒸汽机车，代号 HP，是我国自行设计、制造的大功率货运蒸汽机车。大连机车车辆工厂于 1956 年制造出第一台，以后有多家工厂生产此型机车，1964 年后由大同机车工厂独家生产。

1966 年，机车名改为反帝型，代号 FD。

1971 年定名为前进型，代号 QJ，取自"革命是人类历史前进的火车头"这句名言。至 1988 年 12 月停产，全国共生产包括和平、反帝、前进 3 种名称的此种机车的数量，接近全国制造的各种蒸汽机车总数的一半。

用途：干线货运

轴式：1—5—1

蒸汽压力：1 400 kPa（14 atm）

模数牵引力：168.8 kN

构造速度：80 km/h

整备质量：100.231 t

累计产量：4 714 台

## 任务拓展

请调研我国蒸汽机车发展历程，并对比分析各型蒸汽机车。

# 任务二　熟悉我国内燃机车发展历程

## 任务描述

了解我国内燃机车发展历程。

## 任务背景知识

随着新中国经济的发展和中国铁路提速的需要，发展内燃机车势在必行。纵观我国内燃机车的发展历程，大体上遵循国外引进、仿制、自主设计和技术革新三个循序渐进的发展步骤。

## 我国内燃机车发展概况

我国内燃机车研制规律是"仿制—消化、吸收引进技术后升级—自主创新设计、制造"。我国内燃机车的发展大体经历以下七个阶段。

# 一、第1阶段（1955—1957 年）

我国内燃机车的前期准备阶段，此阶段的主要任务是：组织编制科技发展规划，成立科研机构，积极培养内燃机车专业技术人才，研究探索我国内燃机车的发展方向。

# 二、第2阶段（1958—1963 年）

我国内燃机车早期样机试制阶段，代表产品有建设、巨龙、先行等型号，此阶段柴油机基本上是仿制国外的，采用直流电传动和液力传动装置，技术性能和可靠性较差。

# 三、第3阶段（1964—1968 年）

第一代内燃机车的仿制阶段，代表产品有东风（DF）、东风$_2$（DF$_2$）、东风$_3$（DF$_3$）等型号，较之前在技术和性能上有了很大提高，可以有效投入铁路牵引作业。

# 四、第4阶段（1966—1988 年）

国产第二代内燃机车开发生产阶段，代表产品为东风$_{4A}$（DF$_{4A}$）、东风$_{4B}$（DF$_{4B}$）、东风$_{4C}$（DF$_{4C}$）、东风$_5$（DF$_5$）、东风$_7$（DF$_7$）、东风$_8$（DF$_8$）、东方红$_3$、北京（BJ）等型号。此阶段，柴油机完全是自主开发的产品，采用自主设计的交—直电传动装置或改进的液力传动装置，技术性能和可靠性有较大提高，在我国铁路发展中起到了十分重的作用。

# 五、第5阶段（1992—1999 年）

从 1992 年开始，进入第三代内燃机车的发展阶段，代表产品有东风$_{4D}$（DF$_{4D}$）、东风$_{8B}$

（DF$_{8B}$）等型号。此阶段，柴油机主要是与国外合作开发的新型产品，采用自主设计的交—直电传动装置（工矿机车用液力换向的液力传动装置），并开始采用微机控制系统，技术性能可与国外先进的同类产品媲美，可靠性也大大提高，在我国铁路6次大提速中起到了重要作用。

## 六、第6阶段（1999年—21世纪初）

从1999年开始，进入第四代内燃机车的发展阶段，代表产品有NJ$_1$、东风$_{8BJ}$（DF$_{8BJ}$）、东风$_{8CJ}$（DF$_{8CJ}$）、东风$_{8DJ}$（DF$_{8DJ}$）及一些出口机型。此阶段，柴油机主要是与国外合作开发的新型产品（或国外柴油机），大多采用电子喷射技术，采用交流电传动装置（大功率逆变器功率模块多为国外产品），采用微机控制系统，技术性能接近国外同类产品的先进水平，可靠性在运行试验和运行考核中有上佳表现，机车最大功率不低于4 410 kW。此外，我国HX$_N$3、HX$_N$5型等交流传动内燃机车，最高运行速度可以达到120 km/h，也已经开始批量生产。

## 七、第7阶段（21世纪初—　）

21世纪初始，进入绿色、节能环保型内燃机车的发展阶段，代表产品有2 000～2 500 kW功率等级混合动力机车、1 000 kW功率等级混合动力机车、LNG（液化天然气）－柴油双燃料机车等机型。机车具有性能优良、节能环保等特点，与同等功率的调车机车相比，混合动力机车节油率可达40%～70%，硫氧化合物、碳氧化物、氮氧化物和颗粒物的排放大幅降低，并能适应工矿企业调车机车作业特点及运用环境。

## 电传动内燃机车

▶ 东风（DF）型内燃机车 ◀

东风（DF）型内燃机车曾称巨龙型、ND 型柴油机车，是大连机车车辆工厂 1964 年开始成批生产的干线货运电传动柴油机车。

东风型内燃机车是在苏联 ТЭ3 型内燃机车基础上进行改进、仿制生产的，曾用代号 ND。东风型内燃机车为直—直流电力传动内燃机车，可以单节运行，也可以双节连挂。

进入 21 世纪后，该型车已基本被淘汰。

用途：货运

轴式：$C_0$—$C_0$

传动方式：直—直电传动

轴重：21 t

起动牵引力：302 kN

持续牵引力：190 kN

最高速度：110 km/h

持续速度：18 km/h

整备质量：138 t

累计产量：226 台

## 电传动内燃机车

▶ 东风₂（DF₂）型内燃机车 ◀

东风₂型内燃机车是戚墅堰机车车辆厂制造的调车内燃机车，由东风型内燃机车发展而来。1961年，戚墅堰机车车辆厂开始研制柴油机；1964年5月，戚墅堰机车车辆厂研制出第一台6L–207E型两冲程柴油机；1964年10月，研制出东风₂（DF₂）型调车柴油机车，适用于大型枢纽车站、编组场的调车作业及区间的小运转作业。1964年12月，第一台东风₂型内燃机车交付北京内燃机务段试用。1976年，东风₂型内燃机车获得铁道部授予全路铁路科技优秀项目奖。

用途：调车

轴式：$C_0—C_0$

传动方式：直—直电传动

轴重：18.8 t

标称功率：650 kW

起动牵引力：294 kN

持续牵引力：200 kN

最高速度：95 km/h

持续速度：9.3 km/h

整备质量：113 t

累计产量：152 台

## 电传动内燃机车

▶ 东风$_3$（DF$_3$）型内燃机车 ◀

东风$_3$型内燃机车与东风型内燃机车构造基本相同，从 1972 年起，东风$_3$型内燃机车投入批量生产。

1980 年代后期，东风$_3$型内燃机车已经从中国铁路的客运机车序列中消失，绝大多数的东风$_3$型内燃机车均已经修改了传动齿轮比，改造成最高速度为 100 km/h 的东风型机车，同时机车编号也由客运型的"东风$_3$ - 0×××"改成货运型的"东风××××"，"客改货"的东风型机车主要占用"东风 18 ××"至"东风 21 ××"之间的号段，因而造成机车编号混乱的情况。

用途：客运，货运

轴式：C$_0$—C$_0$

传动方式：直—直电传动

轴重：21 t

起动牵引力：225 kN

持续牵引力：146 kN

最高速度：100 km/h

持续速度：23 km/h

整备质量：138 t

累计产量：226 台

## 电传动内燃机车

▶ 东风₄（DF₄）型内燃机车 ◀

东风$_4$型内燃机车是1965—1969年研制的大功率内燃机车，1974年改进后投入批量生产，东风$_4$型内燃机车分客货两种，是中国内燃机车的经典车型，现在的大多数东风系列内燃机车，基本都是以东风$_4$作为平台而设计制造的，东风$_4$型内燃机车在中国铁路史上有着重要的地位。

东风$_4$型0002号机车，第二代毛泽东号机车（1977—1991年），由大连机车车辆厂于1975年生产，2008年退役后存放在丰台机务段储备厂，2012年大修后，交由北京铁路局丰台机务段"毛泽东号机车展览馆"永久展出。

用途：客运，货运

轴式：$C_0$—$C_0$

传动方式：交—直传动

轴重：23 t

起动牵引力：327.5 kN（客运型），
413 kN（货运型）

持续牵引力：243 kN（客运型），
302 kN（货运型）

最高速度：120 km/h（客运型），
100 km/h（货运型）

持续速度：28.5 km/h（客运型），
21.9 km/h（货运型）

整备质量：138 t

累计产量：843 台

## 电传动内燃机车

▶ 东风$_5$（DF$_5$）型内燃机车 ◀

东风$_5$型内燃机车于1974年设计试制，1985年由大连机车车辆厂批量生产，适用于编组站和区段站调车作业。

1976年1月，唐山机车车辆厂试制了第一台东风$_5$型内燃机车（0001）。东风$_5$型内燃机车是东风$_4$型内燃机车的系列产品，除了柴油机、车体以外，其他如电气系统、转向架等主要部件尽量与东风$_4$型机车保持通用。

改进的东风$_5$型内燃机车于1984年交由青岛四方机车车辆厂正式投入批量生产。

用途：调车

轴式：C$_0$—C$_0$

传动方式：交—直传动

轴重：23 t

起动牵引力：392 kN（原型），
　　　　　　435 kN（改型）

持续牵引力：315 kN（原型），
　　　　　　324 kN（改型）

最高速度：80 km/h（原型），
　　　　　100 km/h（改型）

持续速度：9.18 km/h（原型），
　　　　　10.9 km/h（改型）

整备质量：138 t

累计产量：1 146 台

## 电传动内燃机车

▶ 东风$_7$（DF$_7$）型内燃机车 ◀

东风$_7$型内燃机车 1982 年由北京二七机车厂研制成功，1985 年正式生产，适用于大型枢纽编组站场调车及工矿小运转作业。

在东风$_7$型机车的基础上，北京二七机车厂研制了多种机车，包括：适用于干线货运的东风$_{7B}$型机车、采用 12V240/275 系列柴油机的东风$_{7C}$型机车、用于山区铁路和高寒地区的东风$_{7D}$型机车、轴重 25 t 的东风$_{7E}$型重型调车机车、大型工矿企业铁路专用线研制的东风$_{7F}$型重型调车机车、采用交流传动技术的东风$_{7J}$型机车。

用途：调车，货运，小运转

轴式：C$_0$—C$_0$

传动方式：交—直电传动

轴重：22.5 t

起动牵引力：428 kN

持续牵引力：308 kN

最高速度：100 km/h

持续速度：12.6 km/h

整备质量：135 t

累计产量：295 台

## 电传动内燃机车

▶ 东风$_8$（DF$_8$）型内燃机车 ◀

东风$_8$型内燃机车是干线货运用柴油机车，专为青藏铁路研制，其研制过程始于20世纪70年代。

东风$_8$型内燃机车的特点是装用了1980年代中国国内铁路机车用缸径最大的柴油机，突出表现为功率大、效率高，并能够在环境温度±40 ℃下正常运行。在平直线路上牵引4 500 t重车列时，运行速度可达80 km/h。与同类型货运用内燃机车相比，在相同的条件下，可提高运输能力28%左右。机车总效率最高可达34.8%，平均为33.2%，处于同时期同类型机车的国际先进水平。

东风$_8$型内燃机车装有电阻制动装置，适合在长大坡道区段运行。

用途：货运

轴式：$C_0$—$C_0$

传动方式：交—直电传动
　　　　　交—直—交电传动

轴重：23 t

起动牵引力：447 kN

持续牵引力：318.4 kN

最高速度：100 km/h

持续速度：30 km/h

整备质量：142.4 t

累计产量：141 台

## 电传动内燃机车

▶ 东风$_{11}$（DF$_{11}$）型内燃机车 ◀

东风$_{11}$型内燃机车为准高速客运内燃机车，1992 年由戚墅堰机车车辆工厂试制成功，是中国自行设计、自行研制的一项新的成果。机车采用 16V280ZJA 型柴油机，并运用微机控制，采用电空制动、机车速度控制系统、轴温检测、独立作用式单元制动器及双流道散热器等一系列新技术，使机车在任何情况下均可恒功率运行。转向架采用锥形空心轴全悬挂、双节连杆万向节驱动装置、高柔圆弹簧旁承等新技术，具有较好的动力学性能。

用途：客运

轴式：$C_0$—$C_0$

传动方式：交—直电传动

轴重：23 t

起动牵引力：245 kN（高原型为 277 kN）

持续牵引力：160 kN（高原型为 181 kN）

最高速度：170 km/h，
　　　　　183 km/h（最高试验速度）

持续速度：65.6 km/h（高原型为 57.86 km/h）

整备质量：138 t

累计产量：459 台

## 电传动内燃机车

▶ 东风$_{11G}$（DF$_{11G}$）型内燃机车 ◀

2003 年 5 月，中华人民共和国铁道部向戚墅堰机车车辆厂提出要求，让其在东风$_{11}$型机内燃机车的基础上，研制一种能满足第五次大提速直达特快列车牵引任务的提速机车，并要求做到"三个一"，即以 160 km/h 的最高速度一次运行超过 1 600 km、由一个司机进行操作控制、一次装车试验成功。另外，还要求机车能够向列车供电。整个设计工作要求在 5 个月内完成，2003 年 11 月 15 日，第一组 DF$_{11}$G 型内燃机车（0001、0002）出厂，车型代号为 DF$_{11}$G，其中"G"代表改进型。

用途：客运

轴式：C$_0$—C$_0$ + C$_0$—C$_0$

传动方式：交—直电传动

轴重：23 t

起动牵引力：2 × 193 kN

持续牵引力：2 × 125 kN

最高速度：170 km/h，
177.4 km/h（最高试验速度）

持续速度：83.5 km/h

整备质量：2 × 138 t

累计产量：184 台（92 组）

## 电传动内燃机车

▶ 东风$_{12}$（DF$_{12}$）型内燃机车 ◀

东风$_{12}$型内燃机车是资阳内燃机车厂生产的国内功率最大的电传动调车机车，适用于路内大型编组站和工矿企业 5 000 t 级货列的调车和小运转作业，也可以用于牵引干线货列。

东风$_{12}$型内燃机车是在东风$_{4B}$型内燃机车的基础上设计的，其柴油机、牵引电机、传动装置等主要零部件与东风$_{4B}$型内燃机车保持通用，加装微机控制装置，改进了转向架结构，改善了司机工作条件，提高了调车作业性能，是目前国内多功能、通用性最好的调车机车。

用途：调车，小运转，货运

轴式：$C_0$—$C_0$

传动方式：交—直电传动

轴重：23/25 t

起动牵引力：437 kN

持续牵引力：317.7 kN

最高速度：100 km/h

持续速度：20.5 km/h

整备质量：138 t

累计产量：308 台

## 液力传动内燃机车

▶ 东方红₁型内燃机车 ◀

东方红₁型内燃机车，原称卫星型、$NY_1$型，是中国铁路使用的柴油机车车型之一，也是中国第一代液力传动柴油机车的代表车型。东方红₁型内燃机车在许多方面参考了联邦德国（西德）的制造技术，尤其柴油机及传动装置均借鉴自德国联邦铁路的 V200 型柴油机车。青岛四方机车车辆厂于 1959 年试制成功，经过大量试验和改进后，于 1966 年命名为东方红₁型并投入批量生产。1970 年前制造的 73 台机车，其构造速度为 140 km/h，牵引功率为 1 060 kW；1970 年后牵引功率增加至 1 220 kW，但运行速度降至 120 km/h。

用途：客运

轴式：B—B

传动方式：液力传动

轴重：21 t

起动牵引力：250/270 kN

持续牵引力：140/163 kN

最高速度：140/120 km/h

持续速度：20 km/h

整备质量：84 t

累计产量：106 台

注："/"后的数字为 1970 年后生产车型的性能指标。

## 液力传动内燃机车

▶ 东方红₂型内燃机车 ◀

东方红$_2$型内燃机车是中国铁路使用的柴油机车车型之一，属于中国第二代液力传动柴油机车，适用于调车和小运转用途，由青岛四方机车车辆厂于1971年试制成功，1973年转交资阳内燃机车厂生产和改进。东方红$_2$型内燃机车最初并非按照铁路干线的调车需要而设计，原本仅打算供路外厂矿使用，但大部分后来却配属铁路局担当干线车站的调车任务，机务部门普遍反映东方红$_2$型内燃机车调车作业时拉不动、停不住、跑不快，主要原因是机车设计速度较高，而机车质量仅60 t，黏着重量不足。

用途：调车，小运转

轴式：B—B

传动方式：液力传动

轴重：15 t

起动牵引力：194 kN

持续牵引力：115 kN

最高速度：62 km/h

持续速度：17.25 km/h

整备质量：60 t

累计产量：50 台

## 液力传动内燃机车

▶ 东方红₃型内燃机车 ◀

东方红₃型内燃机车是中国铁路使用的液力传动干线客运用柴油机车车型之一，也是中国第二代液力传动柴油机车的代表车型之一。东方红₃型内燃机车由青岛四方机车车辆厂于1971年试制，1976年投入批量生产，在20世纪80—90年代初曾经是中国东北地区铁路干线客运的主力柴油机车。

用途：客运

轴式：B—B

传动方式：液力传动

轴重：23 t

起动牵引力：230/271 kN

持续牵引力：129/150/165 kN

最高速度：120 km/h

持续速度：30 km/h

整备质量：84/92 t

累计产量：268 台

## 液力传动内燃机车

▶ 东方红₅型内燃机车 ◀

东方红$_5$型内燃机车是中国铁路使用的柴油机车车型之一，是由资阳内燃机车厂设计、制造的调车和小运转用液力传动柴油机车。1975年，资阳内燃机车厂根据东方红$_2$型机车使用中的反馈意见对机车进行改进设计，包括提高整备质量、增设工况齿轮箱、改善设备布置等，于1976年4月研制了东方红$_5$型内燃机车。1985年，资阳内燃机车厂对东方红$_5$型机车进行了改进，研制了东方红$_{5B}$、东方红$_{5C}$型机车。2000年起，东方红$_5$型机车陆续被淘汰。

用途：调车，小运转

轴式：B—B

传动方式：液力传动

轴重：21.5 t

起动牵引力：278 kN（调车），
152 kN（小运转）

持续牵引力：197 kN（调车），
98 kN（小运转）

最高速度：40 km/h（调车），
80 km/h（小运转）

持续速度：8.5 km/h（调车），
17 km/h（小运转）

整备质量：86 t（东方红$_5$），
92 t（东方红$_{5B,5C}$）

累计产量：512 台

## 液力传动内燃机车

▶ 北京型内燃机车 ◀

北京型内燃机车是北京二七机车工厂1970年开始试制、1975年批量生产的四轴液力传动干线客运内燃机车。

北京型机车有3个品种，第一种是4轴单节型（北京$_3$型），第二种是8轴双节重联型（北京$_2$型），即双单节；第三种是北京$_{6000}$系。前两种轴式为B—B，第三种轴式为D—D。

目前，北京型机车已经被淘汰，但其依然为中国目前为止最成功的一款液力传动型机车。

用途：客运

轴式：B—B，D—D

传动方式：液力传动

轴重：23 t

起动牵引力：227 kN

持续牵引力：163 kN

最高速度：120 km/h

持续速度：24.3 km/h

整备质量：92 t

累计产量：374 台

## 交流传动内燃机车

► NJ₁ 型内燃机车 ◄

NJ₁ 型内燃机车（"N"代表内燃机车、"J"代表交流传动），是我国第一台交—直—交传动内燃机车。

NJ₁ 型机车是铁道部"九五"期间机车车辆工业重点科技开发项目之一，由四方机车车辆厂联合株洲电力机车研究所、永济电机厂、大连内燃机车研究所等单位共同研制。

2014 年 7 月 13 日，首 2 台样车抵达青藏铁路公司格尔木机务段，并在格尔木—拉萨、拉萨—日喀则路段做往返牵引试验，完成了高海拔地区的冷却能力、油耗、排放及制动的高原适用性试验。

用途：调车，小运转

轴式：$C_0$—$C_0$

传动方式：交—直—交

轴重：23 t

起动牵引力：470 kN

持续牵引力：380 kN

最高速度：80 km/h

持续速度：9 km/h

整备质量：138 t

累计产量：3 台

## 交流传动内燃机车

▶ $NJ_2$ 型内燃机车 ◀

$NJ_2$ 型内燃机车（"N"代表内燃机车、"J"代表交流传动），由美国通用电气公司以 C38AChe 型高原柴油机车为基础设计制造，专门用于担当青藏铁路格尔木至拉萨区段客、货运列车牵引任务。$NJ_2$ 型内燃机车在空气稀薄的高原铁路沿线特殊的地理环境和气候条件下仍具有较高可靠性和牵引性能。机车采用三机重联牵引，当其中一台机车发生故障时，仍能满足牵引 3 000 t 货物列车或 16 辆（960 t）旅客列车全线运行的要求，司机室内设有供氧装置。

用途：客运，货运

轴式：$C_0$—$C_0$

传动方式：交—直—交

轴重：23 t

起动牵引力：534 kN

持续牵引力：427 kN

最高速度：120 km/h

持续速度：20.2 km/h（ARR 状态），
20.4 km/h（海拔 2 828 m），
19.8 km/h（海拔 4 100 m），
18.3 km/h（海拔 5 072 m）

整备质量：138 t

累计产量：78 台

## 交流传动内燃机车

▶ DF$_{8DJ}$型内燃机车 ◀

DF$_{8DJ}$型内燃机车，是我国首台装车功率4 000 kW、机车按"重载5 000 t、最高速度90 km/h"和"快运货物2 000 t、最高速度120 km/h"牵引要求设计、车体和走行部按机车最大速度140 km/h设计、牵引电机按滚动轴承抱轴结构考虑的调车机车。机车轴重按23 t和25 t两种装车方案设计。从23 t到25 t，只需在机车两侧腰部加加重压铁即可。其总体技术水平达到了20世纪90年代末世界先进水平。

用途：调车

轴式：C$_0$—C$_0$

传动方式：交—直—交

轴重：23/25 t

起动牵引力：23 t轴重时为520 kN，
　　　　　　25 t轴重时为560 kN

持续牵引力：410 kN

最高速度：120 km/h

持续速度：28.8 km/h

整备质量：138（1±3%）t或150 t

累计产量：1 210台（包括DF$_{8B}$及其衍生改型）

## 交流传动内燃机车

▶ 东风$_{7J}$（DF$_{7J}$）型内燃机车 ◀

东风$_{7J}$型内燃机车是继 NJ$_1$ 型内燃机车之后中国第二种采用交流电传动技术的调车用柴油机车，由北京二七机车厂以东风$_{7C}$ 型、东风$_{7E}$ 型柴油机车为基础于 2003 年设计制造。

东风$_{7J}$ 型内燃机车能够满足 5 000 t 重载货物列车的调车、牵引需要，提高了编组站的作业效率。

东风$_{7J}$ 型 0001 号机车，曾配属于北京铁路局北京机务段丰台西编组站。退役后，于 2010 年 7 月 1 日交付中国铁道博物馆永久收藏。

用途：调车

轴式：C$_0$—C$_0$

传动方式：交—直—交

轴重：22.5 t

起动牵引力：470 kN

持续牵引力：350 kN

最高速度：100 km/h

持续速度：17 km/h

整备质量：135 t

累计产量：1 台

## 交流传动内燃机车

▶ HX$_N$3 型内燃机车 ◀

HX$_N$3 型内燃机车是 EMD 转让其先进技术并与中车大连机车车辆有限公司联合设计制造的一款具有世界先进水平的货运机车。这种新型内燃机车具备三机重联功能。铁道部共订购了 300 辆，首辆机车于 2008 年 7 月 2 日下线。

中车大连机车车辆有限公司在 HX$_N$3 型机车平台上自主创新，开发出功率 3 000 ～ 4 600 kW，轴重 23 ～ 32 t，满足干线牵引、重载运输、快捷货运、支线小运转、高原型机车等多种需要的内燃机车产品。

2014 年 7 月 13 日，首 2 台样车抵达青藏铁路公司格尔木机务段，并在格尔木至拉萨、拉萨至日喀则路段进行往返牵引试验，完成了高海拔地区的冷却能力、油耗、排放及制动的高原适用性试验。

2014 年 8 月 16 日，拉萨至日喀则铁路正式开通运营，首 2 台样车担当了客运牵引任务。

用途：货运，客运，小运转

轴式：C$_0$—C$_0$

传动方式：交—直—交

轴重：25（1 ±3%）t

起动牵引力：620 kN

持续牵引力：598 kN

最高速度：120 km/h

持续速度：20 km/h

整备质量：150（1 ±3%）t

累计产量：300 台

## 交流传动内燃机车

▶ $HX_N5$ 型内燃机车 ◀

2005 年 11 月 1 日，铁道部向美国通用电气（GE）及戚墅堰机车车辆厂签订合同，由 GE 研制，通过技术转移的方式制造 300 台单司机操作、可三机重联的 $HX_N5$ 型内燃机车。其中，初始 2 台由美国完成建造后整车交付，另外 298 台由戚墅堰机车车辆厂在 GE 的协助下制造。2008 年 11 月 25 日，首台国产化 $HX_N5$ 型内燃机车下线，成为中国铁路干线客、货运的主型内燃机车。

戚墅堰机车车辆厂以 $HX_N5$ 型内燃机车为技术平台，研发了双司机室的 $HX_N5$ 型内燃机车（2000 系）。

用途：客运，货运

轴式：$C_0—C_0$

传动方式：交—直—交

轴重：25 t

起动牵引力：620 kN

持续牵引力：565 kN

最高速度：120 km/h

持续速度：25 km/h

整备质量：150（$1\pm3\%$）t

累计产量：300 台

## 交流传动内燃机车

▶ HX$_N$3B 型内燃机车 ◀

HX$_N$3B 型内燃机车是中国铁路用于重载货物列车调车及小运转作业的交流电传动内燃机车车型之一，由中车大连机车车辆有限公司根据铁道部科技研究开发计划课题以 HX$_N$3 型内燃机车为基础进行研制，与 HX$_N$3 型内燃机车具有通用互换性，我国拥有完全自主知识产权。

2015 年，HX$_N$3B 型内燃机车在中车大连机车车辆有限公司批量下线，该型车采用系列化、模块化的设计理念，是目前国内外同类产品中技术最先进、功率最大的节能环保型内燃机车，具有持续牵引力大、低油耗、低排放及运行速度快、耐久可靠性高等一系列优点。

用途：调车，小运转

轴式：C$_0$—C$_0$

传动方式：交—直—交

轴重：25 t

起动牵引力：560 kN

持续牵引力：540 kN

最高速度：100 km/h

持续速度：18.3 km/h

整备质量：150 t

累计产量：300 台

## 交流传动内燃机车

▶ HX$_N$5B 型内燃机车 ◀

　　HX$_N$5B 型内燃机车是中国铁路的交流电传动内燃机车车型之一，由南车戚墅堰机车有限公司根据铁道部科技研究开发计划课题以 HX$_N$3 型内燃机车为基础研制，与 HX$_N$3 型机车具有通用互换性。我国拥有完全自主知识产权。

　　2012 年，南车戚墅堰机车有限公司提出了"中等功率交流传动内燃机车技术平台及 280 系列柴油机技术提升研究"立项申请并获得批准，项目编号为 2012J004 - D，涵盖了 3 234 kW（4 400 马力）交流传动调车机车、货运机车、客运机车。HX$_N$5B 型大功率交流传动调车内燃机车作为该平台的基础车型首先进行了研发。

用途：调车，客运，货运

轴式：C$_0$—C$_0$

传动方式：交—直—交

轴重：25 t

起动牵引力：620 kN

持续牵引力：565 kN

最高速度：100 km/h

持续速度：18.2 km/h

整备质量：150 t

## 交流传动内燃机车

▶ LNG 双燃料型内燃机车 ◀

LNG 双燃料型内燃机车是为满足中国铁路节能、环保及经济性的要求而开发的新型交流传动内燃机车。机车装用 16V280ZJ/S 双燃料发动机，以甲烷＋柴油为燃料，其中甲烷采用液态形式存储在机车上。该型机车是目前中国唯一使用的双燃料的内燃机车，主要用于干线货运牵引。

该型机车技术特点：发动机燃油替代率 80%，硫氧化物排放降低 80%，二氧化碳排放降低 20%，氮氧化物排放降低 30%，燃料费每年可降低 20%。

用途：货运

轴式：$C_0$—$C_0$

传动方式：交—直—交

轴重：25 t

起动牵引力：600 kN

持续牵引力：560 kN

最高速度：120 km/h

## 交流传动内燃机车

▶ 2 000～2 500 kW 混合动力机车 ◀

2015 年，我国自主研制出首台世界最大功率 2 200 kW 油电混合动力机车，用于调车，兼小运转。

2 000～2 500 kW 混合动力机车是按照节能、绿色、环保的理念研制的交流传动机车，由中车资阳有限公司研制。根据负载和工况的不同，机车可由动力蓄电池组、柴油发电机组单独或二者共同驱动。

该型机车燃油节油率 23%，废气排放可降低 23%，柴油机装车功率可减小 50%～60%。这是目前世界上功率最大的混合动力机车。

用途：调车，小运转

轴式：$C_0$—$C_0$

传动方式：交—直—交

轴重：25 t

起动牵引力：560 kN

持续牵引力：540 kN

最高速度：100 km/h

持续速度：≤13 km/h（混合动力工况），
　　　　　≤8 km/h（纯柴油机工况）

## 交流传动内燃机车

▶ 1 000 kW 等级混合动力机车 ◀

  1 000 kW 功率等级混合动力机车是按照节能、绿色、环保的理念而研制的交流传动调车兼小运转机车。

  根据负载和工况的不同，机车可由动力蓄电池组、柴油发电机组单独或二者共同驱动。机车主传动系统采用交—直—交传动，辅助传动系统采用与主传动共用中间直流电压的辅助交流传动系统。

  该型机车具有性能优良、节能环保等特点，与同等功率的调车相比，混合动力机车节油率可达 40%～70%，并能适应工矿企业调车机车作业特点及运用环境。

用途：调车，小运转

轴式：$B_0$—$B_0$

传动方式：交—直—交

轴重：23 t

起动牵引力：560 kN

持续牵引力：540 kN

最高速度：80 km/h

**任务拓展**

请调研我国内燃机车发展历程，并对比分析各型内燃机车。

# 任务三　熟悉我国干线电力机车发展历程

## 任务描述

了解我国干线电力机车发展历程。

## 任务背景知识

1958年6月15日，中国第一条电气化铁路——宝鸡至凤州段（93 km）开工建设。1960年6月建成，实现了中国电气化铁路"零"的突破。

20世纪90年代，有10条线共计2 795.76 km电气化铁路建成并交付运营。

2017年年底，全国铁路营业里程达到12.7万km，其中高铁2.5万km，占世界高铁总量的66.3%，铁路电气化率、复线率分别居世界第一位和第二位。

## 我国电力机车发展概况

我国电力机车研制规律是"仿制—消化、吸收引进技术后升级—自主创新，设计制造"。至今，我国电力机车的发展大体经历以下六个阶段。

# 一、第一阶段：前期准备阶段

1956 年，中华人民共和国铁道部制定了《铁路十二年科技发展规划》，提出"技术政策的中心环节是牵引动力的改造，要迅速地有步骤地由蒸汽机车转到电力机车和内燃机车上去"。

1957 年 12 月，经国务院批准，中国组织了由第一机械工业部、铁道部及高校有关专家学者组成的电力机车考察团，分成电力机车总体、机械、电机、控制、电气、工艺、引燃管及高压开关等专业组，赴苏联诺沃切尔卡斯克电力机车厂、全苏列宁电工技术研究院进行为期四个月的电力机车制造技术考察学习。在苏联工程技术专家的指导下，中国决定以苏联当时最新型、刚投入批量生产的 VL60 型电力机车为原型，结合中国铁路的技术规范进行仿制。考察团在完成电力机车技术设计任务书和技术设计预定任务之后，于 1958 年 6 月全部回国，组成了电力机车设计处，在苏联专家帮助下开展电力机车的研制工作。

# 二、第二阶段：第一代电力机车研制阶段

1958—1967 年，参照苏联的 H60 型铁路干线交直流传动电力机车，经 78 处重大修改后，1958 年 12 月 28 日由湘潭电机厂负责电气设备及总装，研制出中国第一台电力机车，定型为 $6Y_1$（6—机车有 6 根轴，Y—引燃管整流方式）编号为 0001，命名为韶山号。该机车于 1961 年 5 月起赴宝成铁路实地试运行，但由于制造工艺较差，造成机车存在引燃管逆弧、调压开关烧损和牵引电机环火三大质量关键问题，且制动性能不良，缺乏电阻制动，列车下坡时危险性较大。其后虽经多次改进，但 $6Y_1$ 型电力机车未能批量生产。

经过三次重大技术改进，1968 年 4 月 27 日，经中华人民共和国铁道部军管会决定，批准自 $6Y_1$ 型电力机车 008 号机车开始正式定名为韶山$_1$型，于 1969 年开始小批量生产。1980 年，经中华人民共和国铁道部审定，从韶山$_1$型 221 号车起基本定型，并开始大批量生产。

1969 年，田心机车车辆工厂在吸取了法国 $6Y_2$ 型机车大量先进技术基础上研制出韶山$_2$型电力机车，技术上达到 1960 年代国际先进水平。

1973 年，随着中国半导体工业的发展，中华人民共和国铁道部决定对韶山$_2$型电力机车进行技术改造。田心机车厂将韶山$_2$型机车原有的一段半控桥可控硅无级调速改为两段半控桥可控硅无级调速，并改用他励牵引电动机和电子控制等新技术，从而提高机车黏着利用，更充分地发挥机车的功率。受制于当时中国的工业技术，机车部分部件尚未具备批量生产的条件。但这台机车的试验和改进经验，为后来韶山$_1$型电力机车的改进，以及韶山$_3$型和其他型号电力机车的设计、生产积累了经验。

## 三、第三阶段：第二代电力机车研制阶段

1979 年，株洲电力机车厂和株洲电力机车研究所在吸收了韶山$_1$型、韶山$_2$型电力机车的成熟经验基础上研制出韶山$_3$（SS$_3$）型客货两用干线电力机车，1986 年投入批量生产。

1991 年，株洲电力机车厂与株洲电力机车研究所对韶山$_3$型电力机车进行技术改进，改为采用晶闸管相控平滑调压，并对转向架、电阻制动等方面做出改进，称为韶山$_3$型 4000系，于 1992 年起投入批量生产。

## 四、第四阶段：第三代电力机车研制阶段

1981 年，铁道部株洲电力机车厂、株洲电力机车研究所研制中国铁路第三代（无级调压、交—直传动）韶山$_4$（SS$_4$）型货运电力机车。韶山$_4$型货运电力机车性能指标达到了1980 年代初期国际上直流相控电力机车先进水平。1989 年，韶山$_4$（SS$_4$）型货运电力机车投入批量生产。

1991 年，铁道部株洲电力机车厂通过模仿 8K 型、6K 型电力机车的微机控制系统，为韶山$_4$型 0038 号电力机车进行了实验性加装微机控制系统的技术改造，使韶山$_4$（SS$_4$）型0038 号电力机车成为中国铁路第一台采用微机控制系统的国产电力机车。

1993 年，铁道部株洲电力机车厂、株洲电力机车研究所在韶山$_4$型电力机车基础上研制了韶山$_4$改进（SS$_4$G）型电力机车（0159 号以后），同年开始批量生产。

2004 年，株洲电力机车研究所和铁道部大连电力机车车辆工厂共同研制了韶山$_4$改进（SS$_4$G）型网络重联货运电力机车。

## 五、第五阶段：第四代电力机车研制阶段

1996 年，株洲电力机车厂和株洲电力机车研究所研制出 AC4000 型电力机车。AC4000型电力机车属于实验性车型，仅试制一台，未投入批量生产。

1997 年，中国机械进出口公司、中华人民共和国铁道部与西门子交通集团正式签订了

20 台交流传动电力机车的供货和技术转让合同，该型机车被定型为 $DJ_1$ 型。2002 年 7 月 8 日，首台中国国内生产的 $DJ_1$ 型电力机车在株洲西门子牵引设备有限公司下线。

2000 年，株洲电力机车厂联合株洲电力机车研究所等单位借鉴了 X2000 型列车的部分先进技术研制出 DJ 型（九方号）交流传动高速客运电力机车，最高运用速度为200 km/h。

2001 年，株洲电力机车厂联合株洲电力机车研究所等单位在 DJ 型电力机车基础上改进研制出 $DJ_2$ 型电力机车——中国第一种拥有自主知识产权的交流传动电力机车。

2002 年，北车集团大同机车有限责任公司研制出 $DJ_3$ 型（天梭号）交流传动客运电力机车，最高运用速度为 200 km/h。

# 六、第六阶段：第五代电力机车研制阶段

这一阶段主要是研制 $HX_D1$、$HX_D2$、$HX_D3$ 系列车型。

## （一）$HX_D1$ 型系列

2004 年，由西门子交通集团总部研发和设计，由株洲电力机车厂生产的 $HX_D1$ 型双节八轴重载货运电力机车，从 2006 年开始交付。

2009 年，南车株洲电力机车有限公司在 $HX_D1$ 型货运电力机车基础上研制出 $HX_D1B$ 型货运六轴电力机车。

2009 年，南车株洲电力机车有限公司在 $HX_D1B$ 型货运电力机车基础上研制出 $HX_D1C$ 型客/货运六轴电力机车。

2011 年，南车株洲电力机车有限公司研制出 $HX_D1D$ 型干线快速客运六轴交流电传动电力机车。

2012 年，南车株洲电力机车有限公司在 $HX_D1$ 型货运电力机车基础上研制出"深度国产化"的 $HX_D1$ 型电力机车（机车编号由 1001 起排序）。

2015 年，南车株洲电力机车有限公司研制出 $HX_D1F$ 型双节八轴重载货运电力机车。

2015 年，南车株洲电力机车有限公司研制出 $HX_D1G$ 型准高速双节八轴客运电力机车。

## （二）$HX_D2$ 型系列

2004 年，由法国阿尔斯通交通运输股份有限公司（后文简称阿尔斯通公司）和中国北车集团大同电力机车有限责任公司（后文简称大同电力机车公司）在阿尔斯通公司的 PRI-MABB43700 型电力机车的基础上，联合研制 $HX_D2$ 型双节八轴重载货运电力机车，从 2006 年开始交付。

2006 年，阿尔斯通公司和大同电力机车公司在阿尔斯通"Prima"机车技术平台上，以"Prima 6000"电力机车为原型车，联合研制出 $HX_D2B$ 型货运六轴电力机车。2009 年 6 月，

首 2 台 $HX_D2B$ 型机车（0001、0002）在法国贝尔福工厂落成。2010 年 5 月，$HX_D2B$ 型电力机车开始投入批量生产。

2009 年，大同电力机车公司在 $HX_D2$、$HX_D2B$ 型电力机车基础上研制出 $HX_D2C$ 型客/货运六轴电力机车。

2013 年，大同电力机车公司研制 $HX_D2D$ 型干线快速客运六轴交流电传动电力机车。

2014 年，大同电力机车公司研制出 $HX_D2F$ 型双节八轴重载货运电力机车。

2015 年，大同电力机车公司研制出 $HX_D2G$ 型双节八轴准高速客运电力机车。

### （三）$HX_D3$ 型系列

2001 年，由中国北车集团大连机车车辆有限公司（后文简称大连机车车辆有限公司）和日本东芝集团公司联合开发研制 $HX_D3$ 型六轴重载货运电力机车，从 2003 年开始交付。

2008 年，大连机车车辆有限公司及德国庞巴迪运输集团在 $HX_D3$ 型电力机车设计制造技术平台的基础上，借鉴庞巴迪公司的 IORE 型原型车，联合研制出 $HX_D3B$ 型货运六轴电力机车。2009 年 10 月，首 2 台 $HX_D3B$ 型机车（0001、0002）投入运行。2009 年 12 月，$HX_D3B$ 型电力机车开始投入批量生产。

2010 年，大连机车车辆有限公司在 $HX_D3$、$HX_D3B$ 型电力机车基础上研制出 $HX_D3C$ 型客/货运六轴电力机车。

2012 年，大连机车车辆有限公司在 $HX_D3$ 型电力机车设计制造技术平台的基础上，借鉴庞巴迪公司的技术、$HX_D3C$ 型电力机车的成熟技术，研制出 $HX_D3A$ 型干线快速货运八轴交流电传动电力机车。

2012 年，大连机车车辆有限公司研制出 $HX_D3D$ 型干线快速客运六轴交流电传动电力机车。

2016 年，大连机车车辆有限公司研制出 $HX_D3G$ 型双节八轴快速客运电力机车。

## 交—直传动电力机车

▶ 6Y$_1$ 型电力机车 ◀

1958 年年底，湘潭电机厂在株洲电力机车工厂等厂的协助下，试制出了中国第一台 6Y$_1$ 型干线电力机车。6Y$_1$ 型电力机车是 6 轴电力机车。机车经环形铁道运行试验，由于作为主整流器的引燃管不能正常工作返厂整修。

1959 年起，株洲电力机车工厂和株洲电力机车研究所等联合对 6Y$_1$ 型电力机车进行了多次试验，做了很多改进，到 1962 年共试制 5 台机车，并在宝凤线上试运行。但是由于引燃管、牵引电机、调压开关等仍存在问题，6Y$_1$ 型电力机车未能批量生产。

用途：客货两用

轴式：C$_0$—C$_0$

传动方式：交—直型

轴重：23 t

持续功率：3 410 kW

最大牵引力：308.7 kN

持续牵引力：257.7 kN

最高速度：100 km/h

持续速度：48.2 km/h

整备质量：138 t

累计产量：7 台

## 交—直传动电力机车

▶ SS₁ 型电力机车 ◀

1968 年，经过对 6Y₁ 型电力机车 10 年的研究改进，将引燃管整流改为大功率半导体整流，经铁道部军管会决定，批准自 008 号机车开始正式定名为韶山₁型，代号 SS₁，1969 年开始批量生产。SS₁ 型电力机车是中国铁路的第一代国产客货两用干线电力机车，获全国科学大会奖。

1971 年，从 SS₁ 型 061 号机车开始进行第二次重大技术改进。1976 年，从 SS₁ 型 131 号机车开始进行第三次重大技术改进。1980 年，经铁道部审定，从 SS₁ 型 221 号车起基本定型并开始大批量生产。SS₁ 型电力机车于 1988 年停产。

用途：客货两用

轴式：$C_0$—$C_0$

传动方式：交—直型

轴重：23 t

持续功率：3 780 kW

最大牵引力：308.7 kN

持续牵引力：257.7 kN

最高速度：90 km/h

持续速度：48.2 km/h

整备质量：138 t

累计产量：819 台

## 交—直传动电力机车

▶ $SS_2$ 型电力机车 ◀

韶山$_2$（$SS_2$）型电力机车属于实验性车型，由田心机车车辆工厂在吸取了法国阿尔斯通公司 $6Y_2$ 型机车大量先进技术的基础上，于 1969 年设计制造，仅试制了一台。

$SS_2$ 型电力机车在技术上达到 1960 年代国际先进水平，此后又在 1971 年和 1974 年先后两次进行实验性技术改造，并获 1978 年全国科学大会奖。受制于当时中国的工业技术，机车部分部件尚未具备批量生产的条件。

$SS_2$ 型电力机车的试验和改进经验，为后来 $SS_1$ 型电力机车的改进，以及 $SS_3$ 型和其他型号电力机车的设计、生产积累了经验。

用途：客货两用

轴式：$C_0$—$C_0$

传动方式：交—直型

轴重：23 t

持续功率：4 620 kW

最大牵引力：530 kN

持续牵引力：303.4 kN

最高速度：100 km/h

持续速度：49 km/h

整备质量：138 t

累计产量：1 台

## 交—直传动电力机车

► SS$_3$ 型电力机车 ◄

韶山$_3$（SS$_3$）型电力机车是中国铁路的第二代电力机车车型之一，由株洲电力机车厂和株洲电力机车研究所于 1979 年研制成功，1986 年投入批量生产。

1991 年，株洲电力机车厂与株洲电力机车研究所对 SS$_3$ 型电力机车进行技术改进，称为 SS$_3$ 型 4000 系，于 1992 年起投入批量生产。

除了株洲电力机车厂，大同机车厂、资阳机车厂、太原机车车辆厂均生产过 SS$_3$ 型电力机车，至 2006 年停产。

用途：客货两用

轴式：C$_0$—C$_0$

传动方式：交—直型

轴重：23 t

持续功率：4 320 kW

最大牵引力：470 kN

持续牵引力：317.8 kN

最高速度：100 km/h

持续速度：49 km/h

整备质量：138 t

累计产量：早期型 772 台

4000 系 836 台

## 交—直传动电力机车

▶ SS$_{3B}$型电力机车 ◀

韶山$_{3B}$（SS$_{3B}$）型电力机车是中国铁路的第二代电力机车车型之一，由株洲电力机车厂于2002年研制成功。该型车是由两节六轴机车连接而成的十二轴固定重联重载货运电力机车。

SS$_{3B}$型机车基本沿用了SS$_3$型4000系电力机车相同的总体布置、主电路、辅助电路、车体和转向架，但电气控制系统做了较大改进，首次在国产交—直传动电力机车上采用分布式网络控制系统，单节机车内部各控制单元和两节机车之间重联控制分别采用了MVB、WTB网络总线系统进行通信。

用途：货运

轴式：$C_0$—$C_0$ + $C_0$—$C_0$

传动方式：交—直型

轴重：23 t

持续功率：$2 \times 4\,320$ kW

最大牵引力：$2 \times 470.9$ kN

持续牵引力：$2 \times 317.8$ kN

最高速度：100 km/h

持续速度：48 km/h

整备质量：138 t

累计产量：353 台

## 交—直传动电力机车

▶ SS$_4$ 型电力机车 ◀

韶山$_4$（SS$_4$）型电力机车是中国铁路第三代（无级调压、交—直传动）电力机车的首款型号，是国家第六个五年计划的重点科技项目。

根据铁道部 1981 年下达的 6 400 kW 八轴货运电力机车设计任务书要求，株洲电力机车厂和株洲电力机车研究所共同研制了 SS$_4$ 型电力机车，1985—1986 年研制成 001~003 号样车，当时是中国铁路用的功率最大的货运用电力机车，1988 年通过了国家技术鉴定，1989 年获国家科技进步一等奖。1989 年 SS$_4$ 型电力机车开始批量生产。

用途：货运

轴式：B$_0$—B$_0$ + B$_0$—B$_0$

传动方式：交—直型

轴重：23 t

持续功率：6 400 kW

最大牵引力：628 kN

持续牵引力：436.5 kN

最高速度：100 km/h

持续速度：51.5 km/h

整备质量：2 ×92 t

累计产量：早期型 158 台

改进型 1 419 台

## 交—直传动电力机车

▶ SS₆ 型电力机车 ◀

韶山₆（SS₆）型电力机车是中国铁路使用的电力机车车型之一，是中华人民共和国铁道部为满足陇海铁路电气化需要，于1989年利用日元贷款、通过国际招标采购的第二批4 800 kW六轴电力机车。

SS₆型电力机车由株洲电力机车厂、株洲电力机车研究所联合研制，是在继承SS₃型电力机车的传统设计和制造经验的基础上，结合进口8K型电力机车的部分先进技术研制而成的客货通用电力机车。

用途：客货两用

轴式：$C_0$—$C_0$

传动方式：交—直型

轴重：23 t

持续功率：4 800 kW

最大牵引力：485 kN

持续牵引力：351 kN

最高速度：100 km/h

持续速度：48 km/h

整备质量：138 t

累计产量：53 台

## 交—直传动电力机车

▶ SS$_7$ 型电力机车 ◀

韶山$_7$（SS$_7$）型电力机车是中国铁路使用的客货两用干线电力机车车型之一，根据山区小半径曲线区段电气化铁路的实际状况研制而成，由大同机车厂、株洲电力机车研究所于 1992 年研制成功，1996 年投入批量生产。

SS$_7$ 型电力机车消化、吸收了进口 8K、6K 型电力机车的先进技术，应用了 B$_0$—B$_0$—B$_0$ 轴式转向架、两段相控整流桥电路、复励牵引电动机、再生制动、功率因数补偿等技术。

用途：客货两用

轴式：B$_0$—B$_0$—B$_0$

传动方式：交—直型

轴重：23 t（22 t 客运）

持续功率：4 800 kW

最大牵引力：485 kN（货运型），
351 kN（客运型）

持续牵引力：310 kN（货运型），
220 kN（客运型）

最高速度：100 km/h（货运型），
120 km/h（客运型）

持续速度：44 km/h

整备质量：138 t

累计产量：113 台

## 交—直传动电力机车

▶ SS$_8$ 型电力机车 ◀

韶山$_8$（SS$_8$）型电力机车是中国铁路使用的电力机车车型之一，用于准高速干线客运业务。它是"八五"期间国家重点科技攻关项目，由株洲电力机车厂和株洲电力机车研究所共同研制。原设计用于广深线准高速铁路，现已用于我国主要干线电气化铁路快速客运。

SS$_8$ 型电力机车，1998 年 6 月 24 日在京广线的许昌至小商桥区间创造了 240 km/h 的中国铁路高速纪录，对推动我国客运准高速及高速机车的发展具有重要意义。

用途：客运

轴式：B$_0$—B$_0$

传动方式：交—直型

轴重：22 t

持续功率：4 800 kW

最大牵引力：210 kN

持续牵引力：126 kN

最高速度：170 km/h，

　　　　　　240 km/h（试验）

持续速度：100 km/h

整备质量：88 t

累计产量：245 台

## 交—直传动电力机车

▶ SS₉ 型电力机车 ◀

韶山₉（SS₉）型电力机车是最后一款"韶山"系列电力机车。

1998 年初，中国铁路机车车辆工业总公司株洲电力机车厂、株洲电力机车研究所在韶山₈型电力机车基础上，克服了韶山₈型电力机车在技术上存在的问题，同时吸收了韶山₆B型电力机车的经验，研制用于牵引速度为 160 km/h 的准高速六轴干线客运列车的电力机车。

为了尽快满足哈大铁路全线于 2001 年 8 月完成电气化改造后对客运电力机车的需求，株洲电力机车厂于 2001 年开始批量生产韶山₉型电力机车。

用途：客运

轴式：$C_0$—$C_0$

传动方式：交—直型

轴重：21 t

持续功率：4 800 kW

最大牵引力：286 kN

持续牵引力：169 kN

最高速度：170 km/h，
190 km/h（早期型试验），
173.1 km/h（改进型试验）

持续速度：99 km/h

整备质量：126 t

累计产量：早期型 43 台，
改进型 171 台

## 交流传动电力机车

▶ AC4000 型电力机车 ◀

　　AC4000 型电力机车是 1996 年 6 月中国自行研制成功的第一台交—直—交传动电力机车原型车，标志着我国电力机车有望从直流传动向交流传动跃进，为赶上世界先进水平打下了基础。

　　AC4000 型电力机车是在株洲电力机车研究所 1 000 kW 交—直—交传动地面实验系统基础上，结合我国传统交—直传动电力机车的成熟技术和结构特点，根据交流传动电力机车的特殊性，吸收国外类似电力机车的先进技术而研制的。

　　AC4000 型交流传动电力机车的研制成功，实现了我国交流传动铁路机车"零"的突破，标志着中国铁路机车的研制进入了当代高科技领域。

用途：货运

轴式：$B_0$—$B_0$

传动方式：交—直—交型

轴重：24.5 t

持续功率：4 000 kW

最大牵引力：325 kN

持续牵引力：242 kN

最高速度：120 km/h

持续速度：60 km/h

整备质量：98 t

累计产量：1 台

## 交流传动电力机车

▶ DJ$_1$ 型电力机车 ◀

DJ$_1$ 型电力机车是由西门子公司以第二代"欧洲短跑手"（EuroSprinter）系列电力机车作为技术平台，在 ES64F 型电力机车（德国铁路 152 型电力机车）基础上，专门为中国铁路设计制造的双节重联八轴重载货运电力机车。其中，"D"代表电力机车、"J"代表交流传动。

用途：货运

轴式：B$_0$—B$_0$ + B$_0$—B$_0$

传动方式：交—直—交型

轴重：23（25）t

持续功率：6 400 kW

最大牵引力：700（760）kN

持续牵引力：540（610）kN

最高速度：120 km/h

持续速度：42.7（37.8）km/h

整备质量：2 ×92（100）t

累计产量：20 台

## 交流传动电力机车

▶ DJ$_2$ 型电力机车 ◀

DJ$_2$ 型电力机车是中国铁路干线客运电力机车车型之一，由株洲电力机车厂联合株洲电力机车研究所等单位于 2001 年研制成功，由于在机车出厂时适逢中国成功申办 2008 年夏季奥运，因此被命名为"奥星"。

DJ$_2$ 型电力机车是在 DJ 型电力机车基础上改进而成的交流传动高速客运电力机车，采用中国自主研制的 GTO 水冷牵引变流器、交流传动控制系统、牵引电动机和微机控制系统，因此也被称为中国第一种拥有自主知识产权的交流传动电力机车。

用途：客运

轴式：B$_0$—B$_0$

传动方式：交—直—交型

轴重：21 t

持续功率：6 400 kW

最大牵引力：264 kN

持续牵引力：233 kN

最高速度：200 km/h，
　　　　　240 km/h（试验）

持续速度：74 km/h

整备质量：84 t

累计产量：3 台

# 交流传动电力机车

▶ DJ$_3$ 型电力机车 ◀

　　DJ$_3$（天梭号）型电力机车是北车集团大同机车有限责任公司于 2002 年应铁路机车交流化的要求自主研发的 200 km/h 交流传动客运电力机车，可用于牵引 200 km/h 高速旅客列车。

　　机车主要特点：

① 轻量化，全分裂，组合式变压器；

② 先进的高速转向架；

③ 流线化、轻量化车体。

用途：客运

轴式：B$_0$—B$_0$

传动方式：交—直—交型

轴重：20.5 t

持续功率：4 800 kW

最大牵引力：264 kN

持续牵引力：203 kN

最高速度：200 km/h，

　　　　　　230 km/h（试验）

持续速度：42.7 km/h

整备质量：82 t

累计产量：20 台

## 交流传动电力机车

▶ $HX_D1$ 型电力机车 ◀

$HX_D1$ 型电力机车有五种型号：$HX_D1A$、$HX_D1B$、$HX_D1C$、$HX_D1D$、$HX_D1G$。这里指的是第一种。$HX_D1$ 型电力机车是由两节完全相同的四轴电力机车通过内重联环节连接组成的八轴重载货运电力机车，每节车设有一个司机室，为一完整系统。

用途：货运

轴式：$B_0$—$B_0$ + $B_0$—$B_0$

传动方式：交—直—交型

轴重：23（25）t

持续功率：9 600 kW

起动牵引力：560 kN

持续牵引力：540 kN

最高速度：120 km/h

持续速度：70（65）km/h

整备质量：$2 \times 92$（$2 \times 100$）t

累计产量：20 台

# 交流传动电力机车

▶ HX$_D$2 型电力机车 ◀

HX$_D$2 型电力机车有五种型号：HX$_D$2、HX$_D$2B、HX$_D$2C、HX$_D$2D、HX$_D$2F。这里指的是第一种。该型电力机车由法国阿尔斯通交通运输股份有限公司和中国北车集团大同电力机车有限责任公司联合研制，是在阿尔斯通"Prima"机车技术平台上，以法国国铁BB27000型电力机车为原型车开发研制的干线货运用八轴大功率交流传动电力机车。

2006 年 9 月，首 2 台 HX$_D$2 型电力机车在法国贝尔福工厂完成组装。2007 年 5 月 18 日，首台国内组装的 HX$_D$2 型电力机车在中国北车集团大同电力机车有限责任公司下线。至 2008 年 12 月，全部 180 台 HX$_D$2 型机车交付完毕。

用途：货运

轴式：B$_0$—B$_0$ + B$_0$—B$_0$

传动方式：交—直—交型

轴重：23 t/25 t（加压车铁后）

持续功率：9 600 kW

最大牵引力：760 kN

持续牵引力：554 kN

最高速度：120 km/h

持续速度：70 km/h，
　　　　　65 km/h（加压车铁后）

整备质量：2×100 t

累计产量：180 台

## 交流传动电力机车

▶ HX$_D$3 型电力机车 ◀

HX$_D$3 型电力机车有五种型号：HX$_D$3、HX$_D$3B、HX$_D$3C、HX$_D$3D、HX$_D$3G，这里指的是第一种。HX$_D$3 型电力机车早期被称为 SS$_{J3}$型、DJ$_3$ 型和神龙$_1$ 型，由中国北车集团大连机车车辆有限公司（简称大连机车车辆公司）和东芝公司联合设计，其中首 4 台机车（0001～0004）由东芝公司总装，大连机车车辆公司提供车体、转向架等结构部件，并整车进口中国；另外 12 台机车（0005～0016）为进口散件国内组装，东芝公司提供变流器、牵引电动机等原装电气设备部件，由大连机车车辆公司组装；最后 44 台（0017～0060）为国产化生产阶段，通过技术转让由大连机车车辆公司、永济电机厂生产主要电气部件，国产化率达到 85%。

用途：货运

轴式：C$_0$—C$_0$

传动方式：交—直—交型

轴重：23（25）t

持续功率：7 200 kW

最大牵引力：520（570）kN

持续牵引力：370（400）kN

最高速度：120 km/h，
132 km/h（试验）

持续速度：70（65）km/h

整备质量：138（150）t

累计产量：1 080 台

注：括号中的数字为加压车铁后的数字。

## 任务拓展

请调研我国电力机车发展历程，并对比分析各型电力机车。

# 模块三

## 了解动车组发展历程

世上无难事，只要肯登攀。

——毛泽东《水调歌头·重上井冈山》

# 任务一　了解国外动车组发展历程

### 任务描述

了解国外动车组发展历程。

### 任务背景知识

二次世界大战后，随着各国经济的快速增长，科学技术也得到了飞速发展，于是内燃机车实现了重联，也出现了内燃动车组。最早的动车于1906年出现在美国，这辆动车是通过电力传动装置驱动一台150 kW汽油机工作，车内有91个座席，并配有行李间，只用于不繁忙支线区间的运输。

1964年，世界上第一条高速铁路——日本东海道新干线开通运营，此后动车组的发展随着高速铁路的发展日新月异。

经过几十年的发展，形成了以日本新干线、法国TGV和德国ICE高速动车组为代表的三大技术体系。

## 动车组概述

动车组是现代火车的一种，由至少两节带牵引力的车厢（简称动车）和若干节不带牵引力的车厢（简称拖车）共同组成。动车组英文名称为 multiple units（简写为 MU），"multiple"的中文含义是多个（动力），"units"的中文含义是单位，合起来就是指"多个动力单位"。电力动车组叫做 EMU，内燃动车组叫做 DMU。

▶ 动车组 ◀

一列动车组大约由 8 000 个零部件组成，是一种技术含量高的机电一体化系统，涉及电子、微电子、计算机技术、网络技术、通信技术，涉及机械加工、非金属加工等。动车组的技术发展主要表现在功率、速度和舒适性的提高，单位功率质量的降低，以及电子技术的应用等方面。在世界各国正在发展的市郊铁路与地下铁道过轨互通，构建城市高速铁路网中，动车组必将起到主力军的作用。

动车组优点：

① 动车组在两端都有驾驶室，大力加快运转的速度；

② 动车组容易组合成长短不同的列车。

动力分散的动车组优点：

① 动力效率较高，特别是在斜坡上，动车组列车的重量分散在各个带动力的车轮上，而不会成为拖在机车后面无用的负重；

② 因为同样的原因，动车组上的动力轴对路轨黏着力的要求较低，每轴的载重亦较少，因此选用动车组的高速铁路路线，对路线的土木工程及路轨的要求都较低；

③ 电力动车组因为有较多的电动机，所以再生制动能力良好，对于停站较多的近郊通勤铁路、地下铁路，该优点特别明显；

④ 因为动车组运转快、占地少，行走市郊的通勤铁路很多都用动车组，轻便铁路、地下铁路使用的亦几乎全是动车组。

# 一、动车组主要类型

## （一）按动力分配分类

列车中，有动力的车轴所承载的车重与无动力的车轴所承载的车重之比称为动拖比。一般而言，在动车组编组中，动力车全部车轴均有动力，每节动力车的轴数与每节非动力车的轴数相同且轴重接近，因此可以用动力车节数与非动力车节数之比粗略计算动拖比。

根据动力分配方式，动车组分为动力集中动车组和动力分散动车组两大类。

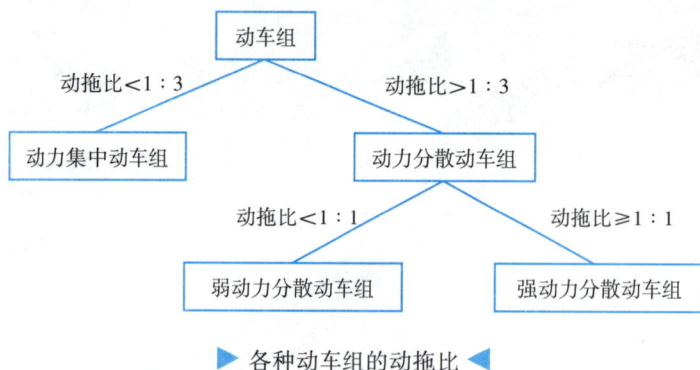

▶ 各种动车组的动拖比 ◀

1. 动力集中动车组

其优点是：动力装置集中安装在 2～3 节车上，检查、维修比较方便，电气设备的总质量小于动力分散的电动车组。其缺点是动车的轴重较大，对线路不利。

2. 动力分散动车组

其优点是：动力装置分布在列车不同的位置上，能够实现较大的牵引力，编组灵活。由于采用动力制动的轮对多，制动效率高，且调速性能好，制动减速度大，因而适合用于停站较多的近郊通勤铁路、地下铁路和限速区段较多的线路。

动力集中动车组主要有德国 ICE1 的 2 动车 12 拖车编组和中国"新曙光"的 2 动车 9 拖车编组。弱动力分散动车组相对多见，主要有法国的 TGV、德国的 ICE1 的 2 动车 10 拖车编组和 ICE2、美国的 Acela、瑞典的 X2000，以及中国的"中华之星""蓝箭""神州"等。强动力分散动车组最为常见，主要有法国的 AGV、TGV – V150，德国的 ICE3，中国的"春城""先锋""中原之星""长白山"、CRH 系列等。

## （二）按使用领域分类

根据动车组使用领域不同，动车组分为客运动车组、货运动车组、轨道检测动车组三类。

## （三）按照动力源和动力传动装置分类

根据动力源和动力传动装置不同，动车组可分为内燃动车组、燃气轮机动车组和电力动车组三类。

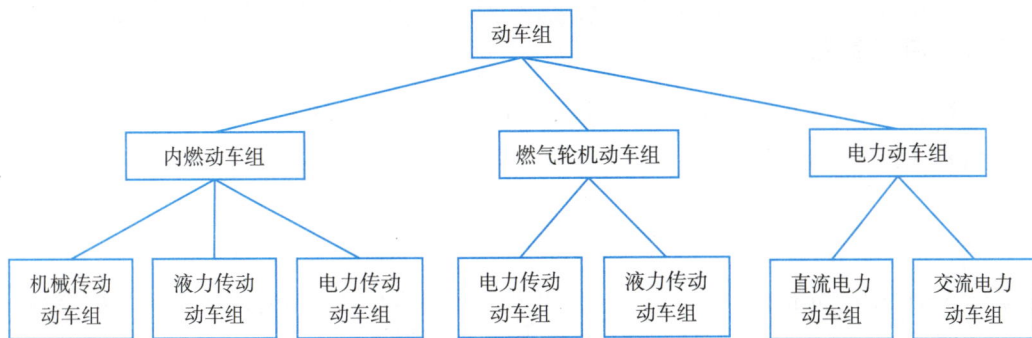

▶ 动车组按动力源和动力传动装置分类 ◀

电力动车组（electric multiple units，EMU）按电流制又分为直流电力动车组和交流电力动车组两种。内燃动车组（diesel multiple units，DMU）按传动方式又分为机械传动动车组、液力传动动车组和电力传动动车组三种。燃气轮机动车组按传动方式又分为电力传动动车组和液力传动动车组两种。

### （四）按车辆功能（作用）分类

按车辆功能分，动车组车辆可分为动力车（转向架上装有牵引电动机，提供动力）、拖车（转向架上没有装牵引电动机，不提供动力）和带驾驶功能的拖车（转向架上没有装牵引电动机，不提供动力，具有驾驶室）三种。

### （五）按速度分类

动车组按照运行速度不同可分为高速动车组、普速动车组和低速动车组。高速动车组速度在不同时代标准不同，在中国速度不低于 250 km/h，主要分为 250 级、350 级、380 级、400 级等；普速动车组，在中国速度为 160～250 km/h，有 160 级、200 级和 250 级等；低速动车组速度不高于 160 km/h，有 80 级、100 级、120 级和 140 级等。

### （六）按性能分类

动车组按照性能不同可分为高性能动车组、低性能动车组。

## 二、动车组构成

动车组主要由制动单元、自走单元、随走单元、运营单元和特殊单元等构成。

### （一）制动单元

若干车辆按照一定的组合或顺序连挂，连挂后的编组具备完整的制动系统，即最小制动单元。

## （二）自走单元

若干车辆按照一定的组合或顺序连挂，连挂后的编组具有若干个司机室，在司机室控制下，编组具备完整的运行能力。

## （三）随走单元

若干车辆按照一定的组合或顺序连挂，连挂后的编组在自走单元控制下，具备完整的运行与制动能力。

## （四）运营单元

运营单元一般包含若干完整的自走单元，有时也包含随走单元，能用来执行运营任务。

## （五）特殊单元

特殊单元都是拖车，仅作为首尾两个自走单元兼容的电气－制动单元。目前只在 ICE3型列车里见到应用。

## 国外动车组主要发展历程

1903 年 7 月 8 日，德国柏林出现了首列动车组。动车组编组为：动车＋拖车＋动车＋动车＋拖车＋动车。

1903 年 8 月 14 日，由接触网供电的单相交流电动车组问世。

1903 年 10 月 28 日，西门子公司研制出三相交流电动车组，速度创造出 210.2 km/h 的历史性纪录。

1913 年，瑞典制成 55 kW 电力传动柴油动车，后来又制出功率为 185 kW 同类型的动车，还能挂 3～4 节附挂车。

20 世纪初，电力动车已用在电气化铁路上。

20 世纪二三十年代，柴油动车发展迅速，在欧洲、美洲和日本大量使用，有些国家拥有动车数千辆。大洋洲、非洲和东南亚、南亚、中东国家也有使用。在动力装置方面，以内燃机为动力的动车几乎都采用高速柴油机，运行速度达到 140 km/h。在传动装置方面，小功率动车（一般是 200 kW 以下）采用机械传动，大功率动车采用电力传动或液力传动。

"一战"结束后，随着内燃机车开始普及，内燃动车随之出现。

1934 年，意大利研制出 $ETR_{200}$ 列车。1937 年投入了博洛尼亚—罗马—那不勒斯的电气化铁路运营。其改进型号 $ETR_{212}$ 最高速度达到 201 km/h，打破了当时的世界纪录。这可以被认为是最早意义上的高速铁路。

"二战"结束后，内燃机车实现了重联，内燃动车组随之出现。

1950 年，西班牙研制出第一代 Talgo 内燃动车组。

1962 年，德国研制的"莱茵金子"号客车的构造速度已达 160 km/h。

1964 年 10 月 1 日，在东京奥林匹克运动会开幕前夕，日本东海道新干线开通，第一列 0 系列车以 210 km/h 的最高运营速度投入运营，开创了世界高速铁路的新纪元。日本对新干线高速铁路进行多次重大技术改进和革新，平均速度早在 20 世纪 90 年代初就已经达到 230 km/h，在世界上独占鳌头。现在运营速度提高到近 300 km/h，试验速度已经达到 443 km/h，与磁浮列车速度相差无几。

1964 年，西班牙研制出第一代 Talgo Ⅱ 内燃动车组。

1969 年，法国研制出第一代 ETG 型燃气轮动车组，最高试验速度 248 km/h。此后，又研制出第二代 ETG 型燃气轮动车组，最高试验速度 260 km/h。

1972 年 11 月 8 日，法国制造出 TGV 列车最早的原型 TGV001，创造了速度 318 km/h 的世界纪录。该型车在试验中曾 175 次跑出超过 300 km/h 的速度。

1973 年，法国研制出第一列 Z7001 电力动车组，1975 年该车最高试验速度达到309 km/h。

1974 年，德国研制的 ET403 型电力动车组的最高运行速度为 160 km/h。

1976 年开始，法国开始着力研究交—直传动的 TGV－A、TGV－R、TGV－2N、TGV－TMST、西班牙 AVE、TGV－PBKA、TGV－K 等型号的高速动车组。其中，TGV－A325 号动车组于 1990 年 5 月在大西洋线创造了 515.3 km/h 轮轨系统高速行车的世界纪录。该纪录保持了 17 年才被打破。

1977 年，德国研制的 ET403 型电力动车组的最高运行速度提高到 200 km/h。

1981 年，法国制造的 TGV 高速列车在东南线南段部分投入运营，试验速度达到 380 km/h。当时 TGV 已经成为法国的高技术象征。

1984 年 3 月，俄罗斯高速列车正式投入运营，平均运行速度为 140 km/h，有两个区间速度达到 200 km/h。

1985 年，德国制造出 ICE 型高速列车，并在 1988 年创造出 406.9 km/h 的试验速度。

1988—1989 年，意大利制造的 ETR450 型摆式列车，最高运行速度达到 250 km/h。

1989 年，德国第一批 ICE401 型（ICE－1）电力动车组正式投入服务。

1990 年 5 月，法国制造的 TGV 列车在大西洋线上创造出 515.3 km/h 的世界纪录，令世界瞩目。1990 年建成并投入运营的地中海高速线，列车运行速度达到 350 km/h，与此同时，速度为 300 km/h 的高速双层列车也已问世。现已研制出性能更高、速度高达 350 km/h 的第四代动力分散式 AGV 型高速列车。

1991 年，首列 ICE（城际快车，德语为 Intercity Express，ICE）列车正式投入运营。这是城际列车（IC）的继任者，应用范围覆盖全德国约 180 座 ICE 车站和 6 个邻国（奥地利、瑞士、法国、比利时、荷兰及丹麦），约 260 列动车组在这个系统中运行。源自不同制造商的高速动车组被划分为 6 种变体（59 列 ICE – 1、44 列 ICE – 2、67 列 ICE – 3、70 列 ICE – T、19 列 ICE – TD 和 16 列新 ICE – 3），其中约有 60 列可以用于跨境服务。ICE 所允许达到的最高速度为 200～300 km/h（在法国甚至可达到 320 km/h）。

以 ICE 3 的技术为基础，德国国铁也发展了 ICE – T（电力驱动版本，有 5 节一组与 7 节一组两种编组型号）及 ICE – TD（柴油引擎驱动版本）两种摆式列车。ICE T/TD 型动车组不以直线上的最高速度作为主要发展目的，而是欲保持车辆在弯道上的平均车速，其主要服务线路不是平坦的平原地带，而是多弯的山路，独有的车体倾斜技术令列车能够应付更多、更急的弯道，并以更高的车速过弯路。因为运营费用太昂贵，柴油型 ICE – TD 型动车组在 2004 年时曾一度被停用，直至 2006 年时供电网络尚未全面覆盖的德国东部对列车需求大增，柴油型 ICE 列车才被重用。在 2004 年时发展出的第二代倾斜列车，称为 ICE – T2。

2002 年，西班牙研制出 Talgo350 型高速动车组。这是西班牙与庞巴迪公司合作研制的新型高速倾摆式动车组，在西班牙高速线路上进行试验，最高运行速度达 350 km/h。

2003 年，庞巴迪公司研制出 AGC 混合动力动车组。该动车组既可以采用双流制供电牵引（直流 1.5 kV，交流 25 kV），也可以采用柴油机驱动运行，能在行驶途中从电力驱动转换为柴油动力驱动，温室气体排放量比传统柴油动力列车减少 20%，这是一大技术创新。该型动车组最高速度可达 160 km/h。至 2007 年，共向法国交付 279 列 AGC 动车组。

2004 年，韩国 KTX 采用法国 TGV – A 型推拉式高速动车组，总数为 46 组，其中 12 组在法国阿尔斯通制造，其余 34 组则在韩国制造，该型车被誉为"世界十佳列车之一"。韩国在引进的 KTX 高速动车组的基础上，又自主研发了 KHST 新型高速动车组，样车也已问世，最高运行速度 350 km/h。

2005 年，日本研制出新干线 E954 型电力动车组。在动车组牵引电动机方面，2、3、6 及 7 号车每节装有 4 台三相鼠笼式异步电动机，而 4 及 5 号车则每节装有 4 台永磁同步电动机，最高速度 360 km/h，试验最高速度 405 km/h。

2007 年，日本研制出キハE200 型柴油机 – 蓄电池混合动力内燃动车组。由东日本铁路公司和日立公司在キハE991 型混合动力内燃动车的基础上联合开发，并制成一种串联式混合动力动车的试验样车。

2007 年，法国制造的 TGV 型"V150"列车，试验速度创下 574.8 km/h 的纪录，虽然未能超越日本 JR 磁悬浮列车创下的陆上交通工具世界纪录（581 km/h），但在轮轨列车上仍是全球第一。

2010 年，日本研制出 HB – E300 系柴油动车组，是日本首度量产化的串联式混合动力柴油动车组。

2011 年，日本研制出 E5 系动车组。运行区间为东京—新青森。2016 年 3 月 26 日，H5 系列车在新开通的北海道新干线上投入运营。

2013 年，日本研制出 E6 系动车组，接替 E3 系动车组在秋田、山形两条迷你新干线上运营，在东北新干线段常与 E5 系列车重联运行，最高速度可达 320 km/h。

目前开行时速 200 km 以上高速列车的国家有日本、法国、德国、意大利、西班牙、比利时、荷兰、瑞典、英国、美国、俄罗斯，正在积极建设或规划时速 200 km 以上高速铁路建设的还有瑞士、奥地利、丹麦、加拿大、澳大利亚、韩国、印度等国。

## 法国TGV

▶ 法国 TGV ◀

　　TGV（train à grande vitesse）是法国高速铁路系统的简称，由法国阿尔斯通（Alstom）公司及 SNCF 负责开发，列车由阿尔斯通公司负责生产，运营由 SNCF 负责。TGV 计划启动于 1960 年，因为当时法国国家铁路局认识到日后要与日益增长的私家车和快捷的空中交通竞争，他们必须提供更快的速度。1972 年 11 月 8 日，试验型 TGV 001 列车创造了速度 318 km/h 的世界纪录。首条运营的 TGV 线路开通于 1981 年，位于巴黎和里昂之间。

　　目前，TGV 技术已经成了法国对外出口的一项技术。在西班牙，有引进 TGV 技术的 AVE 高速列车；在韩国，有从 TGV 演化而来的韩国 KTX 高速列车。

## 德国ICE

▶ 德国 ICE ◀

德国高速铁路称为 ICE（Intercity Experess），即"城际高速铁路"，用于连接城市。ICE 动车组是德国速度最快、等级最高的列车类别，是德国铁路在长途运输方面的旗舰产品。1991 年，首列 ICE 列车正式投入运营。此后，德国高铁铁路迅速发展，新建和改建的高速铁路运营线路总长至少已达 1 560 km。

虽然德国在全面掌握高速铁路技术方面比日本、法国要晚，但是其独特的技术已经能与日本、法国相媲美。

## 日本新干线

▶日本新干线◀

新干线（Shinkansen）是贯通日本全国（除四国地方）的高速铁路系统，由日本铁道官员十河信二创建，是当今世界上最先进的高速铁路系统之一。1964 年，新干线 0 系诞生，这是被誉为梦幻之超特急的世界第一种投入商用的高速旅客列车。

新干线的稳定运行全靠日本成熟的高铁控制技术，列车发车间隔可以缩短至 5 min，是世界上屈指可数的几种适合大运量运输的高速铁路系统之一。除此之外，由于全部列车都采用动力分散式设计，新干线也是世界上行驶最为平稳的高速铁路之一。

## 任务拓展

请调研国外动车组发展历程，并对比分析各型动车组。

# 任务二　了解国内动车组发展历程

## 任务描述

了解国内动车组发展历程。

## 任务背景知识

1997 年到 2004 年，我国铁路进行了五次大提速，通过这五次大规模调整，我国提速路网总里程达到 16 500 km，其中速度 160 km/h 及以上提速线路达到 7 700 km。2007 年 4 月 18 日零时，全国铁路第六次大提速正式开始，除原有的列车大部分提高速度外，时速 200 km 及以上的"和谐号"国产动车组投入使用。2008 年 8 月 1 日，中国首条高速铁路客运专线——京津城际铁路动车组投入运营，这是中国进入高铁时代的标志。从相对落后发展到位于世界前列，中国高铁发展取得了举世瞩目的成就。

我国于 20 世纪 90 年代开始研发动车组。至今发展历程大体上可分为三个阶段：①自主研发动车组阶段；②引进国外先进动车组，消化吸收阶段；③创新发展引领阶段。

## 一、自主研发动车组阶段

这个阶段研制出多款内燃动车组和电力动车组。其中，内燃动车组主要包括 DMU 型双层内燃动车组、液力传动内燃动车组，"新曙光"号准高速双层内燃动车组；电力动车组主要包括"春城"号电动车组、"先锋"号交流传动动车组、"中原之星"交流传动动车组、"大白鲨"高速动车组、"蓝箭"交流传动高速动车组、"中华之星"高速动车组。

## 二、引进国外先进动车组，消化吸收阶段

2003 年 6 月，铁道部党组明确了推进技术装备现代化进程的新思路。

2003 年 8 月 23 日，铁道部装备现代化领导小组召开会议，研究技术引进项目的操作方式与实施策略。

2003 年 11 月 29 日，铁道部部长办公会审议通过《加快机车车辆装备现代化实施纲要》。

2004 年 4 月 1 日，国务院召开会议，专题研究铁路机车车辆装备有关问题，形成《研究铁路机车车辆装备有关问题的会议纪要》，明确了"引进先进技术、联合设计生产、打造中国品牌"的基本原则。

2004 年 7 月 29 日，国家发改委与铁道部联合印发《大功率交流传动电力机车技术引进与国产化实施方案》和《时速 200 公里动车组引进与国产化实施方案》。

2004 年 8 月，铁道部公开招标采购时速 200 km 动车组项目。

2005 年 10 月，铁道部公开招标采购时速 300 km 动车组项目。

2006 年 7 月 31 日，国内首列国产化时速 200 km 动车组下线。

2006 年 9 月，铁路部门在胶济线及第六次大提速既有线改造区段组织了多次全线拉通试验和提速平推试验，动车组进入运行试验阶段。

2007 年 2 月，动车组以 160 km 的时速投入春运。

从 2007 年 4 月 18 日零时开始，第六次大面积提速调图中"像风一样快"的"和谐号"动车组列车与和谐型大功率机车上线。

2007 年 12 月 22 日，首列国产时速 300 km "和谐号"动车组列车（CRH2 - 300）在南车四方机车车辆股份有限公司竣工下线。它的成功下线是我国铁路全面实施自主创新战略取

得的重大成果，标志着我国铁路客运装备技术达到了世界先进水平，中国也由此成为世界上少数几个能够自主研制时速 300 km 动车组的国家。

2008 年 4 月 24 日，CRH$_2$C"和谐号"电力动车组在京津城际铁路进行试验，速度达到 390 km/h。

2008 年 6 月 24 日，CRH$_3$C"和谐号"电力动车组在京津城际铁路进行试验，速度达到 394.3 km/h。

2008 年 8 月 1 日，动车组投入运营的京津线是中国首条高速铁路客运专线，是中国进入高铁时代的标志。

2009 年 12 月 26 日，CRH$_3$C"和谐号"电力动车组 – 试运行（两车重联）在武广客运专线进行试验，速度达到 394.2 km/h。

2010 年 2 月 6 日，CRH$_2$C"和谐号"电力动车组在郑西客运专线试运行，速度达到 394.2 km/h。

2010 年 9 月 28 日，CRH380A"和谐号"电力动车组在沪杭客运专线试运行，速度达到 416.6 km/h。

2010 年 12 月 3 日，CRH380AL"和谐号"电力动车组在京沪客运专线试运行，速度达到 486.1 km/h。

2010 年 12 月 5 日，CRH380BL"和谐号"电力动车组在京沪客运专线试运行，速度达到 457 km/h。

2011 年 1 月 9 日，CRH380BL"和谐号"电力动车组在京沪客运专线试验编组，速度达到 487.3 km/h。

和谐号动车组全面实施自主创新战略取得重大成果，标志着我国铁路客运装备技术达到了世界先进水平，中国也由此成为世界上少数几个能够自主研制时速 380 km 动车组的国家。

2012 年以来，在中国铁路总公司主导下，中国铁道科学研究院牵头，集合中车集团及相关企业的力量，开展中国标准动车组设计研制工作。

2015 年，中国南车制造的 CRH380A 试验速度达到 603 km/h。

2015 年，中国南车制造的 CIT500 试验速度达到了 605 km/h。

2015 年，中国研制出 CR400 标准动车组。这是中国实现高速动车组技术全面自主化、标准化的重大创新项目。

2016 年 7 月 15 日，中国自主研制的中国标准动车组在在郑徐高铁线路上跑出了 420 km/h 的速度交会试验，创造了动车交会速度的世界最高纪录。

2017 年 2 月 25 日，中国标准动车组样车上线运营。

2017 年 7 月 1 日，中国标准动车组正式开始商业运营。

# 三、创新发展引领阶段

截至 2017 年年底，中国高铁运营里程已突破 2.5 万 km，占全球高铁运营里程的 65% 以上。高铁在改变着国人生活方式、改变着城市间时空距离的同时，也成为"中国速度"的代名词。

2016 年，中车长客股份公司研发出中国首列混合动力型动车组。该项目是中国国内首次研发集成两种或三种动力源的混合动力型动车组，将满足中国铁路从电气化铁路到非电气化铁路跨线运行的现实需求。

2017 年 1 月 3 日，中国铁路总公司正式向四方机车车辆厂和长春客车厂颁发了中国标准动车组"型号合格证"和"制造许可证"。中国标准动车组也正式获得型号命名。

2017 年 6 月 26 日 11 时 05 分，"复兴号"动车组列车从京沪高铁两端的北京南站和上海虹桥站双向首发，迎来了一个时代：中国标准动车组时代。

2017 年 7 月 27 日，中国铁路总公司安排"复兴号"动车组列车在京沪高铁开展时速 350 km 体验运营，通过全面系统的科学论证和综合评估，一致认为京沪高铁满足按设计时速 350 km 运营要求。组织"复兴号"动车组列车按时速 350 km 正式上线运营，京沪高铁全程运行时间在 4 个半小时左右。

2017 年 8 月 21 日起，京津冀地区开行 22.5 对"复兴号"动车组列车，中国铁路于 9 月 21 日实施新的列车运行图，在部分线路增开客、货列车。"复兴号"动车组列车在京沪高铁率先实现 350 km 时速运营，我国再次成为世界上高铁商业运营速度最高的国家。

2017 年 12 月 28 日起，由广州南开往兰州西的 G96/7、G834/1 由 CR400AF 列车担当，由南京南开往南宁东的 G1504/3、由北京西开往成都东的 G89/90 由 CR400BF 列车担当。至此，"复兴号"动车组列车的运营范围进一步扩大到我国中西部地区。

2018 年 4 月 10 日起，铁路实行新的列车运行图，"复兴号"动车组开行数量稳步提升。

2018 年 7 月 1 日起，全国铁路实行新的列车运行图，16 辆长编组"复兴号"动车组首次投入商业运营。

## DMU型双层内燃动车组

▶ DMU 型双层内燃动车组 ◀

1998 年，唐山机车车辆厂自主研发成功中国首列 DMU 型双层内燃动车组，填补了中国铁路运输工具的一项空白。于当年 6 月在南昌至九江间投入运行。DMU 型双层内燃动车组适用于中、短途轨道运输。DMU 型双层内燃动车组设计编组为 2 动 2 拖 （2M＋2T）固定编组，首尾为动车，中间为拖车，为动力集中型内燃动车组。动力系统采用美国康明斯 QST30 系列产品。

DMU 型双层内燃动车组整车采用 PLC 控制、485 总线方式数据传输，达到前后车同步的目的。动车组动力模式为动力集中，总功率为 1 320 kW，设计速度 120 km/h，总定员 540 人。

## 新曙光号内燃动车组

▶新曙光号内燃动车组◀

1999 年，戚墅堰机车车辆工厂和南京浦镇车辆厂联合研制新曙光号准高速双层内燃动车组，填补了中国铁路运输工具的一项空白。于当年 10 月在沪宁线上投入商业运行。新曙光号准高速双层内燃动车组适用于中、短途轨道运输。

新曙光号准高速双层内燃动车组设计编组为 2 动 9 拖 （2M＋9T）固定编组，首尾为动车，中间为拖车，动力车定型为 $NZJ_1$ 型。

新曙光号准高速双层内燃动车组动力模式为动力集中型，总功率为 5 520 kW，设计速度为 180 km/h，总定员 1 140 人。

▶春城号电力动车组◀

1999 年，长春客车厂、株洲电力机车研究所和昆明铁路局联合研制成功春城号电力动车组。这是我国首列投入商业运行的电力动车组，采用交—直流电传动，最高运行速度为 120 km/h。

1988 年，长春客车厂成功研制了一列 4 节编组的 $KDZ_1$ 型动力分散式电力动车组，采用交—直流电传动，最高速度可达 140 km/h，但因运用条件不成熟等原因而未能投入运用。

春城号电力动车组定型为 $KDZ_1A$ 型，是在 $KDZ_1$ 型电力动车组基础上改进的产品，被命名为"春城号"；列车由长春客车厂负责总体设计，株洲电力机车研究所负责电力传动系统设计。春城号电力动车组以一动一拖为一个动力单元，一列 6 辆编组，牵引总功率为 2 160 kW。

1999 年 3 月，春城号电力动车组在长春出厂，同年 4 月 11 日，完成各种电气和动力学性能试验后，在北京环形铁道宣布研制成功，举行发布会，随后配属昆明铁路局。

## 先锋号交流传动动车组

▶先锋号交流传动动车组◀

　　先锋号交流传动动车组是南京浦镇车辆厂负责总体研制的我国第一列交流传动动力分散电动车组，首列电动车组命名为"先锋"号。2007 年 7 月 7 日起到 2009 年 9 月 30 日至担当经由达成铁路、遂渝铁路运行的成渝（成都—重庆北）城际特快列车。

　　先锋号交流传动动车组是被国家计委列为"九五"重点科技攻关项目的我国首列交流传动动力分散电动车组，设计编组为 4 动 2 拖（4M＋2T）固定编组，每 3 辆车（两辆动车，一辆拖车）组成一个单元，总功率为 4 800 kW，设计速度 200 km/h，最高试验速度 250 km/h，定员 424 人。

## 中原之星交流传动电力动车组

▶ 中原之星交流传动电力动车组◀

中原之星交流传动电力动车组是中国铁路动力分散型电力动车组车型之一，由株洲电力机车厂、四方机车车辆厂、株洲电力机车研究所三家单位联合研制，首列动车组于 2001 年 11 月投入运营，担当郑州至武汉间的城际列车，至 2006 年 6 月退出运营。

中原之星交流传动电力动车组由铁道部定型为 DJF₁，D 代表电力动车组，J 代表交流传动，F 代表动力分散。列车采用"四动二拖"的 6 辆编组，包括 2 辆软座车、4 辆硬座车，全列车由两个完全相同的动力单元组成，主传动系统采用交—直—交传动方式，具备较好的动力性能。动车组总功率6 400 kW，最高运营速度 160 km/h，总定员 1 178 人。

中原之星电力动车组上线运行以来，运行情况一直不稳定，经常发生各种故障，列车多次在运行途中"停运"，严重影响了列车正点运行。2007 年 6 月，退出运营的中原之星列车被送返南车青岛四方机车车辆股份公司封存。

## 大白鲨高速电力动车组

▶大白鲨高速电力动车组◀

　　大白鲨高速电力动车组是中国第一代高速铁路电力动车组，由株洲电力机车厂、长春客车厂、四方机车车辆厂、唐山机车车辆厂、南京浦镇车辆厂及株洲电力机车研究所于1999年联合研制成功。经铁道部确认，正式定型为DDJ$_1$型。

　　动车组动力模式为动力集中，编组为1节动车6节拖车，6节拖车中有1节双层二等座车、1节单层一等座车、3节单层二等座车和1节带司机室的二等座车，持续功率为4 000 kW，最高运营速度200 km/h，定员438人。

　　列车投入商业运营后故障率很高，在广深铁路运用一年期间的总停运时间长达几个月，只能作为备用车使用。至2002年中，DDJ$_1$型电力动车组停运，并封存于广州车辆段石牌客技站。2002年10月，根据铁道部安排，列车改配属中国铁道科学研究院，并于2003年4月送返北京环行铁道封存至今。

## 中华之星高速电力动车组

▶中华之星高速电力动车组◀

中华之星交流传动电力动车组（DJJ$_2$型）由铁道部组织机车车辆制造工厂、科研院所、高等院校联合攻关共同研制，我国拥有自主知识产权。

动车组列车由2节动车和9节拖车组成，2节动车编组在列车的头部和尾部，采用前拉后推的方式运行，中间拖车包括2辆一等座车、6辆二等座车和1辆酒吧车。动车组采用交流传动系统，动力模式为动力集中，持续功率为4 800 kW，设计速度270 km/h，定员726人。

中华之星（DJJ$_2$型）电力动车组前身是行驶在广深铁路的蓝箭号（DJJ$_1$型）电力动车组。中华之星电力动车组冲刺试验在中国第一条铁路快速客运专线——秦沈客运专线上创造了当时"中国铁路第一速"——321.5 km/h，但中华之星电力动车组在试验中也曾多次出现重大安全故障，因而中华之星也成为刹那的"流星"。

▶ CRH$_1$ 型电力动车组 ◀

CRH$_1$ 型电力动车组是运行于中国的高铁动车组列车种类之一，由青岛四方庞巴迪铁路运输设备有限公司（BST）（中国南车四方机车车辆股份有限公司与加拿大庞巴迪的合资公司）生产。原型车以庞巴迪为瑞典 AB 提供的 Regaina C2008 为基础。首组 CRH$_1$ 型电力动车组于 2006 年 8 月 30 日下线。

CRH$_1$ 型电力动车组主要为区际铁路和城际铁路服务，在国家干线铁路中作为长途卧铺列车使用，构造速度 200~250 km/h。CRH$_1$ 型电力动车组主要有以下几个型号：

① CRH$_1$A 型电力动车组标称速度为 200 km/h，持续运营速度为 200 km/h，最大运营速度为 250 km/h；

② CRH$_1$B 型电力动车组是大编组动车组（标号 B），全列 16 节，编组方式为 10 动 6 拖，动力模式为分散动力，最高运营速度为 250 km/h；

③ CRH$_1$E 型电力动车组是大编组卧铺动车组（标号 E），全列 16 节，编组方式为 10 动 6 拖，动力模式为分散动力，最高运营速度为 250 km/h，是一种高速卧铺动车组；

④ "CRH$_1$A - A 和 CRH$_1$E - A（又称新 CRH$_1$）型电力动车组是庞巴迪 ZEFIRO 250 平台的车型，本质上是另一种系列了，不属于 CRH$_1$ 的代表车型。

## 和谐号动车组CRH₂型

▶ CRH₂ 型电力动车组◀

  CRH₂ 型电力动车组是运行于中国的高铁动车组列车种类之一，原型车以日本新干线 E₂－1000系为基础，先由铁道部向日本川崎重工及中国南车集团四方机车车辆股份有限公司订购，后自主创新研发。

  CRH₂ 型电力动车组主要为国家干线铁路、区际干线铁路和城际市郊铁路等各种新建高级铁路服务，构造速度在 200 km/h 至 350 km/h 之间。CRH₂ 型电力动车组有以下几个型号：

  ① CRH₂A 型电力动车组最高运营速度为 250 km/h；

  ② CRH₂B 型电力动车组是 16 节长大编组的电动车组，编号为 CRH₂－111B ~ CRH₂－120B，最高运营速度为 250 km/h；

  ③ CRH₂C 型电力动车组是在 CRH₂A 型电力动车组的基础上修改而成的，改动包括把动车数量增至 6 节（6M2T），最高运营速度为 350 km/h；

  ④ CRH₂E 型电力动车组是大编组卧铺动车组（标号 E），全列 16 节，编组方式为 10 动 6 拖，动力模式为分散动力，最高运营速度为 250 km/h，是一种高速卧铺动车组。

## 和谐号动车组CRH₃型

▶CRH₃型电力动车组◀

　　CRH₃型电力动车组是运行于中国的高铁动车组列车种类之一，从德国西门子引进技术，由中国北车集团唐山轨道客车有限责任公司在国内生产。原型车以德国铁路的ICE－3列车（西门子 Velaro）为基础，最终被定型为 CRH₃C。

　　CRH₃型电力动车组主要为国家干线铁路和区际铁路服务，构造速度在 160 km/h 至350 km/h之间。CRH₃型电力动车组主要有以下几个型号：

　　① CRH₃A 型电力动车组以 CRH380BL 技术平台为基础，由长春轨道客车股份有限公司和唐山轨道客车有限责任公司联合设计生产，是目前国内唯一既适合时速 200～250 km 客运专线，又适合时速 160～250 km 城际铁路运行的动车组；

　　② CRH380B 型电力动车组是由唐山轨道客车有限责任公司、长春轨道客车股份有限公司在 CRH₃C 型电力动车组基础上自主研发的 CRH 系列高速动车组，最高运营速度为380 km/h；

　　③ CRH₃C 型电力动车组是由唐山轨道客车有限责任公司制造的第一列国产化高速动车组，最高运营速度为 350 km/h。

## 和谐号动车组CRH380型

▶ CRH380 型电力动车组 ◀

① CRH380A 型电力动车组是由青岛四方机车车辆股份有限公司设计团队自主研发的 CRH 系列高速动车组，目的是满足京沪高速铁路上时速 380 km 的营运要求。因此，CRH380 需要自主创新，全面提升列车整体性能，对动车组的牵引系统、空气动力设计外形做出了较大的改变，最高运营速度为 380 km/h，试验最高速度为 486.1 km/h。

② CRH380B 型电力动车组是长春轨道客车股份有限公司为北方高寒地区特制的抗高寒动车组列车。列车可适应 −40～40℃间 80℃的温差，最高运行速度 380 km/h，是世界上首列能在高寒地区跑出 300 km/h 以上速度的动车组列车。

③ CRH380C 型电力动车组是 CRH380 家族中最新的成员，是继哈大高铁专用的 CRH380B 型高寒动车组后的又一款高寒动车组，也是国内首款 16 辆大编组高寒动车组列车。

④ CRH380D 型电力动车组以庞巴迪 ZEFIRO 380 超高速动车组为技术平台，设计标称运营速度为 380 km/h，最高运营速度为 400 km/h，最高试验速度超过480 km/h。

## 和谐号动车组CRH₅型

▶ CRH₅ 型电力动车组 ◀

CRH₅ 型电力动车组是铁道部为营运新建的高速城际铁路及客运专线而设计的车型，运用了阿尔斯通公司转移给中国的 7 项高速列车的关键技术，由长春轨道客车股份有限公司在国内生产。原型车以阿尔斯通"New Pendolino"宽体摆式列车为基础，被定型为 CRH₅A。

CRH₅ 型电力动车组主要为北方干线或区际铁路服务，构造速度在 200 km/h 至 250 km/h之间。CRH₅ 型电力动车组有以下几个型号：

① CRH₅A 型动车组由中车长春轨道客车股份有限公司负责国内生产，可实现两列重联运行，最高运营速度 250 km/h，耐寒性方面可承受温度范围可达 ±40℃；

② CRH₅E 型动车组为 16 车厢编组卧铺动车组，为耐高寒抗风沙型，最高运营速度250 km/h；

③ CRH₅G 型动车组为耐高寒抗风沙型，俗称高寒驴、高寒战士，由 CRH₅H 改名而来。设计速度 250 km/h，多用于东北和西北区域；

④ CRH₅G 技术提升型：在 CRH₅G 型动车组基础上重新设计车身外观，动力性能也有技术提升，主要用于宝兰铁路等坡度较大的线路；

⑤ CRH₅J 型动车组为高速综合检测车，由以 CRH₅ 型动车组为基础的高速综合检测列车改名而来。

## 和谐号动车组CRH₆型

▶ CRH₆型电力动车组 ◀

　　CRH₆型电力动车组由中国南车四方车辆有限公司研发设计，2012年在青岛下线，目的是为满足中国区域经济快速发展和城市群崛起对城际轨道交通的需求而研制的一种新型运输工具，填补了中国轨道交通客运装备领域的一项空白。

　　作为中国南车集团全力打造的城际动车组或市域动车组全新技术平台的首个车型，是经铁道部科技立项，由国家高速动车组总成工程技术研究中心、高速列车系统集成国家工程实验室联合研发的又一创新成果。它继承了"和谐号"系列高速动车组安全、成熟、舒适和可靠等优点，具备快起快停、快速乘降、大载客量及高速持续运转的特点，可满足互联互通的要求；同时吸收了传统地铁和轻轨的轻型优点，起到衔接高铁、快铁和城轨的纽带作用，兼备高速列车和轻轨列车的部分优势，能有效完善我国轨道交通层次架构。

　　CRH₆型电力动车组主要为城际铁路和市郊铁路服务，构造速度在140 km/h至200 km/h之间。该系列动车组分为时速200 km、时速160 km和时速140 km三种速度级别类型。时速200 km的CRH₆A型动车组最高运营速度250 km/h；时速160 km的CRH₆F型动车组最高运营速度200 km/h，以站站停模式运营。

## "复兴号"中国标准动车组

▶ "复兴号"中国标准动车组◀

"复兴号"中国标准动车组构建了体系完整、结构合理、先进科学的技术标准体系，动车组基础通用、车体、走行装置、司机室布置及设备、牵引电气、制动及供风、列车网络标准、运用维修等10多个方面均达到国际先进水平。

"复兴号"中国标准动车组大量采用中国国家标准、行业标准、中国铁路总公司企业标准等技术标准，同时采用了一批国际标准和国外先进标准，具有良好的兼容性能，在254项重要标准中，中国标准占84%。最重要的是，中国标准动车组整体设计及车体、转向架、牵引、制动、网络等关键技术都由我国自主研发，具有完全自主知识产权。

"复兴号"中国标准动车组最具特色的亮点是它的互联互通性能。所谓互联互通，就是把两个不同生产厂家按不同技术规范和图纸生产的动车组进行重联运行，并且能够进行完全一致的控制操作，例如能够控制同时开关门、控制空调等。此外，中国标准动车组还统一了零部件标准，实现了零部件可以互换，能够节省大量的费用，这在国际上也是首创的。

## "复兴号"中国标准动车组

"复兴号"中国标准动车组英文代号为 CR，三个级别为 CR400/300/200，数字表示最高时速，而持续时速分别对应 350 km、250 km 和 160 km，适应于高速铁路（高铁）、快速铁路（快铁）、城际铁路（城铁）。

2017 年 6 月 26 日，"复兴号"中国标准动车组在京沪高铁正式双向首发。

## 任务拓展

请调研我国动车组发展历程，并对比分析各型动车组。

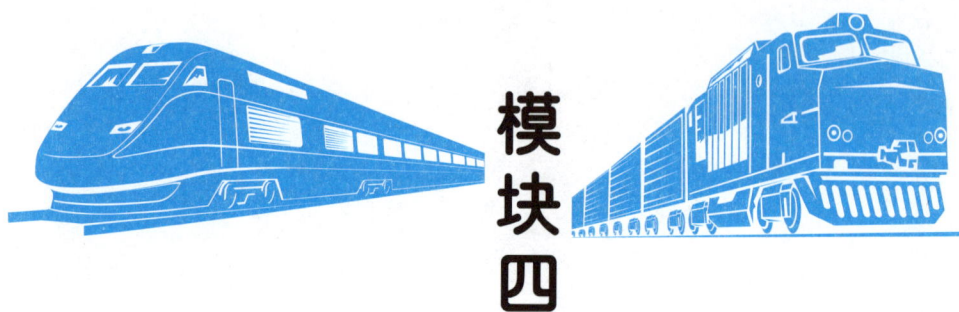

# 模块四

了解铁道机车专业就业主要岗位及基本要求

知是行的主意，行是知的工夫；知是行之始，行是知之成。

——王明阳《传习录》

# 任务一　了解铁道机车专业主要就业岗位

## 任务描述

了解铁道机车专业主要就业岗位。

## 任务背景知识

机车是铁路运输的牵引力，机车运用工作是铁路运输的重要组成部分；搞好机车的运用工作，经济、合理地运用机车，提高机车各项运用指标，是运用工作的目标。

机车运用工作的基本任务是：精心组织，为铁路运输生产提供满足需求的机车和机车乘务员，优质高效地完成运输生产任务；科学合理地使用机车，推广先进经验，遵循经济规律，不断提高机车运用效率，促进资产回报；加强安全风险管理，确保行车和人身安全；加强职工队伍建设，不断提高职工的政治素质、技术素质和业务水平。

机车运用管理要积极采用现代管理手段，建立健全准确无误、反应快速的通信网络、信息采集网络和数据处理计算机系统，实现网络化、有序可控的运用管理。各级机车运用人员应具备高度的责任心和求实精神，热爱本职工作；对工作高标准、严要求，对技术精益求精；顾全大局，联劳协作，服从命令听指挥；深入实际，调查研究，扎扎实实地做好各项工作。

机车运用工作必须贯彻统一指挥、分级管理的原则，充分发挥各级运用组织的职能作用。

## 机务段概述

中国铁路总公司运输局机务部为铁路机务系统最高级别单位，在各路局集团有限公司下设机务处，每个机务处下设若干个机务段，机务段下设若干个机务车间、机务折返段。

机务段是管理和使用机车的基层生产单位，配属有一定数量的机车，拥有机车检修、整备和运行所需的整套技术装备，担当指定交路上的列车牵引作业和车站上的调车作业，负责机车段修、日常保养工作及整备作业，也担当外段机车折返的整备作业和临修（临时修理）工作，配备有机车乘务员、整备人员、检修人员、管理人员等。机务段按配属机车的种类不同，可分为柴油机务段、电力机务段和蒸汽机务段；按承担机车修理任务不同，分为架修段和定修段（蒸汽机务段为洗修段）。

机务折返段，简称折返段，是机务段机车行驶区段的终点，机车在此折返。折返段一般不配属机车，设有机车整备设施和乘务员生活设施，保证机车在此完成折返前的整备作业或停留待命。折返段一般由它的上级机务段管理。

# 一、机务段的分类

机务段是铁路运输系统的主要行车部门，主要负责铁道机车（俗称"火车头"）的运用、综合整备、整体检修（一般为中修、段修）。

机务段一般分为三种类型。

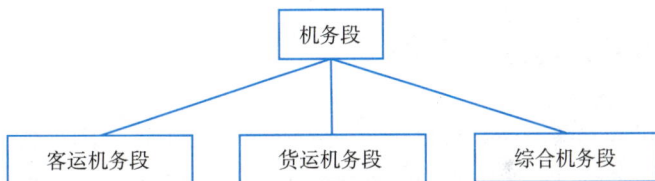

```
                    机务段
          ┌───────────┼───────────┐
     客运机务段    货运机务段    综合机务段
```

▶ 机务段的分类 ◀

① **客运机务段** 以担当旅客列车牵引为主，如中国铁路北京局集团有限公司北京机务段（京局京段）；

② **货运机务段** 以担当货运列车牵引为主，如中国铁路哈尔滨局集团有限公司齐齐哈尔机务段（哈局齐段）；

③ **综合机务段** 以担当货运列车牵引为主、部分旅客列车牵引为辅，如中国铁路北京局集团有限公司石家庄机务段（京局石段）。

## 二、机务段的职责

《铁路机车运用管理规则》第二章第九条对机务段职责的规定如下。

① 机务段贯彻执行总公司、铁路局有关机车运用、安全管理等方面的规章制度、管理办法、作业标准及实施细则，制定实施措施并组织落实，提供满足需求的机车和机车乘务员，安全、优质、高效地完成运输生产任务。

② 按照逐级负责、岗位负责、分工负责、专业负责的要求，实行机务段、运用车间、运用车队、乘务指导组（班组）四级管理模式。

③ 坚持机车运用集中配置、统一管理，推行地乘分离，减少机车乘务员辅助作业时间，实行专业整备管理模式，完善机车整备设备设施，提高机车运用效率、机车乘务员劳动生产率及机车保养质量。定期分析机车运用工作，提出改进建议。

④ 负责机车乘务员管理和日常培训，加大科技投入，完善教育设施，应用机车驾驶模拟装置、实物教学、网络教学等培训手段，努力提高机车乘务员技术业务水平和操纵技能。组织编制作业指导书及列车操纵示意图、操纵提示卡。

⑤ 负责事故、设备故障分析及制定防范措施；负责本段救援列车日常管理及现场救援指挥。

⑥ 改善职工生产、生活条件，开展职工健身活动，提高机车乘务员身体素质。定期组织机车乘务员进行体检。

⑦ 积极推行管理和技术创新，开展企业文化建设，并在实践中不断总结，巩固和提高机车运用、安全管理基础。

## 三、机务段的十大行车工种

根据《中华人民共和国工种分类目录》所列铁道行业工种范围，结合铁路运输生产实际和劳动组织调整的需要，按照国家制定标准的有关规定所制定《铁路职业技能标准（试行）》的规定，机务段主要行车工种包括：

① 电力机车司机（编码：19 - 209，等级：高级）；

② 电力机车副司机（编码：19 - 210，等级：中、高级）；

③ 内燃机车司机（编码：19 - 211，等级：高级）；

④ 内燃机车副司机（编码：19 - 212，等级：中、高级）；

⑤ 电力机车钳工（编码：19 - 063，等级：初、中、高级）；

⑥ 内燃机车钳工（编码：19 - 062，等级：初、中、高级）；

⑦ 机车电工（编码：19 - 101，等级：初、中、高级）；

⑧ 制动钳工（机车）（编码：19 - 75，等级：初、中、高级）；

⑨ 机车整备工（编码：19 – 065，等级：初、中级）；

⑩ 机车调度员（编码：19 – 213，等级：初、中、高级）。

### 国家职业资格概述

## 一、法律依据

就业准入制度是指根据《劳动法》和《职业教育法》的有关规定，对从事技术复杂、通用性广、涉及国家财产、人民生命安全和消费者利益的职业（工种）的劳动者，必须经过培训，并取得了职业资格证书后，方可就业上岗的制度。

①《劳动法》第八章第六十九条规定："国家确定职业分类，对规定的职业制定职业技能标准，实行职业资格证书制度，由经过政府批准的考核鉴定机构负责对劳动者实施职业技能考核鉴定。"

②《职业教育法》第八条明确指出："实施职业教育应当根据实际需要，同国家制定的职业分类和职业等级标准相适应，实行学历证书、培训证书和职业资格证书制度。"

这些法律条款是国家推行职业资格证书制度和开展职业技能鉴定的法律依据。

## 二、国家职业资格及职业资格证书

1. 国家职业资格

国家职业资格是对从事某一职业所必备的学识、技术和能力的基本要求。国家职业资格包括从业资格和执业资格。

① **从业资格**　是指从事某一专业（职业）学识、技术和能力的起点标准。

② **执业资格**　是指政府对某些责任较大、社会通用性强、关系公共利益的专业（职业）实行准入控制，是依法独立开业或从事某一特定专业（职业）学识、技术和能力的必备标准。

2. 职业资格证书

职业资格证书是表明劳动者具有从事某一职业所必备的学识和技能的证明。它是劳动者求职、任职、开业的资格凭证，是用人单位招聘、录用劳动者的主要依据，也是境外就业、对外劳务合作人员办理技能水平公证的有效证件。

## 三、国家职业资格等级及技能要求

国家职业资格等级分为初级（五级）、中级（四级）、高级（三级）、技师（二级）、高级技师（一级）共五个等级。对各等级的技能要求如下：

① **国家职业资格五级（初级）技能**　能够运用基本技能独立完成本职业的常规工作。

② **国家职业资格四级（中级）技能**　能够熟练运用基本技能独立完成本职业的常规工作；并在特定情况下，能够运用专门技能完成较为复杂的工作；能够与他人进行合作。

③ **国家职业资格三级（高级）技能**　能够熟练运用基本技能和专门技能完成较为复杂的工作，包括完成部分非常规性工作；能够独立处理工作中出现的问题；能指导他人进行工作或协助培训一般操作人员。

④ **国家职业资格二级（技师）技能**　能够熟练运用基本技能和专门技能完成较为复杂的、非常规性的工作；掌握本职业的关键操作技能技术；能够独立处理和解决技术或工艺问题；在操作技能技术方面有创新；能组织指导他人进行工作；能培训一般操作人员；具有一定的管理能力。

⑤ **国家职业资格一级（高级技师）技能**　能够熟练运用基本技能和特殊技能在本职业的各个领域完成复杂的、非常规性的工作；熟练掌握本职业的关键操作技能技术；能够独立处理和解决高难度的技术或工艺问题；在技术攻关、工艺革新和技术改革方面有创新；能组织开展技术改造、技术革新和进行专业技术培训；具有管理能力。

## 机车乘务

机车乘务制度是机务段除为邻接区段提供质量良好的机车之外，还要负责计划和组织机车乘务员的乘务工作。机车乘务制度是铁路运输部门机车乘务人员和车辆乘务人员的值乘工作制度，有轮乘制和包乘制两种。

① **轮乘制**　机车由各个乘务组轮流值乘，而没有固定的乘务组。由于机车的运用不受固定的乘务组的约束，机车牵引列车运行的时间能够充分利用，交路也可延长，能有效地使用机车和合理安排乘务员的作息时间，以较少的机车或乘务组完成较多的运输任务。轮乘制和长交路相结合，更能获得良好的技术经济效果。采用轮乘制时，必须建立严格的制度，明确乘务员的职责。

② **包乘制**　机车由固定的乘务组驾驶，每台机车配备 2～3 个固定的乘务组值乘。机车乘务组包管、包用这台机车。除了值乘，乘务组还要负责机车的日常检查和保养，以及中间技术检查，并参加机车修理作业。

> 机车乘务工种：机车司机（内燃、电力），机车副司机（内燃、电力）。

## 机车检修

机车检修包括日常维护保养和各种修程的定期检修。

# 一、日常维护保养

机车日常维护保养是把机车处于萌芽状态的故障现象及时发现并处理，这项工作由机车乘务员、机车整备车间共同完成。

# 二、各种修程的定期检修

机车的各种修程的定期检修有两种：定期检修，状态修。

1. 定期检修

是根据检修周期（机车两次相同修程之间的走行公里数或工作时间）规定进行的机车检修。检修周期是主要零部件在两次修程间保证安全运用的最短期限。检修周期应根据机车构造特点、运行条件、实际技术状态和生产技术水平来确定。各国铁路规定的检修周期不尽相同。干线客货运机车多按走行公里或时间计算，调车机车一般按时间（日、月或年）计算。这种检修制度有利于检修部门有计划地组织生产，按照事先规定好的检修范围进行检修，便于管理；缺点是检修中盲目性大，浪费人力、材料、设备较大。

2. 状态修

检修的主要依据是机车的实际技术状态，根据不同的技术状态确定检修周期和修程，这种检修制度的检修针对性强，能够节约检修成本，但它必须有一个准确、及时的质量信息反馈系统，其管理难度也较高。

目前在我国铁路各个机务段中主要是采用定期检修制度，也有少数单位试行状态修制度。

机务段检修分为定修和架修。架修段有架车台设备，检修机车时可以在机车主车架两端把机车架起来，推出转向架，旋削轮对，并可对机车进行较大的检修工作。

修理工厂一般能进行机车全部解体检查和修理，还可采用互换修理法，即以事先经过修理、试验完好的机组、部件备品，换装到入厂修理的机车上去。

# 三、机车检修主要工作任务

① 装配、调试、检修机车部件及整车机械装置。

② 装配、调试、检修机车电气系统及装置。

③ 装配、调试、检修机车制动系统及装置、管路。

④ 调试、检查机车电路、电器，处理故障。

⑤ 装配、调试、检修机车安全通信、采暖等辅助装置。

⑥ 装配、调试、检修机车柴油机动力系统及装置。

⑦ 检查、处理运行机车故障。

　　机车检修主要工种：机车钳工、机车电工、制动钳工（机车）。

## 机车调度

　　机车调度工作必须坚持集中统一指挥，实行总公司、路局集团公司、机务段分级管理，逐级负责。各级机车调度实行逐级负责制，下级调度必须服从上级调度的指挥，机车乘务员及机务行车工作人员必须服从机车调度的指挥。

　　机车调度工作的基本任务：

　　① 执行运输组织和安全管理的有关规定，严格遵循列车运行图、基本机车周转图确定的各项技术标准，正确编制和执行日（班）计划机车周转图，提高机车运用效率；

　　② 坚持集中统一指挥，加强与行车有关调度的密切配合，按图组织均衡开车；合理安排和掌握机车乘务员的工作时间，防止机车乘务员超劳；

　　③ 对直达特快、直供电、双管供风旅客列车重点掌握；及时协调、处理日常运输生产中的有关问题，准确掌握机务行车安全信息；

　　④ 协调跨路局集团公司、机务段机车运用，确保运输畅通；

　　⑤ 掌握救援列车动态，发布救援列车跨集团公司出动的调度命令。掌握回送机车动态，办理备用机车的加入和解除；

　　⑥ 分析机车运用效率指标、运输生产任务完成情况和机车乘务员超劳情况，提出整改建议和措施；

　　⑦ 深入现场，添乘机车，熟悉情况，不断提高工作能力和指挥水平。

　　机车调度工种：机车调度员、机车运用值班员。

## 机车整备

　　机车整备作业是指铁路机车运行前的各项技术准备工作，主要包括燃料、水、润滑油（脂）和砂子的供应，机车的擦洗，机车各部件的日常检查和给油保养等工作。

　　1. 机车整备作业要求

　　机务段应实行机车乘务与地勤分离管理模式，实现地勤检查、检测、整备、维修、保养、保洁一体化专业管理。对机车整备作业的要求如下：

① 机车整备的着装　机车整备人员在对电力机车进行整备时，必须：头戴工作帽，身穿工作服，脚穿绝缘球鞋，右手持检验锤，左手持手电筒；

② 整备作业的质量　按照一定的顺序，一丝不苟地进行作业，保证机车以良好的质量投入运用；

③ 整备作业的时间　在规定的时间内，完成机车乘务组所应负责的全部整备工作。

2. 机车整备作业内容

机车类型不同，机车整备作业的内容也不一样。机车整备作业主要工作如下：

① 进行机车走行部、制动系统等检查、保养和试验运行；

② 使用输油泵、阀门、发放柱等设备，加注内燃机燃油；

③ 烘干、清筛处理、加补机车用砂；

④ 操控隔离开关；

⑤ 验收、发放、管理机车用燃油、油脂、砂、擦拭材料等；

⑥ 维护保养输油泵、上砂机等机车整备机械设备。

---

机车整备工种包括：机车检查保养员、机车整备工。

---

## 任务拓展

请调研我国机车运用与管理，并对比分析内燃机车与电力机车运用与管理异同点。

# 任务二 熟悉铁道机车专业就业基本要求

## 任务描述

认知铁道机车专业学生就业的基本素质要求。

## 任务背景知识

铁道机车专业培养拥护党的基本路线，德、智、体、美全面发展，具有良好的职业道德和职业素养，爱岗敬业，具有现代社会必备的基本素质，与我国铁路机务行业发展要求相适应，掌握大学专科文化理论知识和基本技能，掌握铁道机车运用、检修、管理方面专业理论与专业技能，能从事铁道机车运用、检修、维护和运营管理等，具有全面素质和综合职业能力的高素质技术、技能人才。

高职教育是我国高等教育事业中一种特别重要的形式，承担着为经济社会的发展输送高级技能型人才和应用型人才的重要任务，其在我国高等教育中的重要地位是无可置疑的，在我国的高等教育发展中发挥着举足轻重的作用。当前形势下，我国政府大力发展高等职业教育的战略决策，为社会经济发展和实现高等教育大众化做出了重要的贡献。随着我国经济的高速发展，高职教育也同时实现了自身规模上的快速发展。在我国的高职教育规模跨越式发展的过程中，政府提出了高职教育人才培养模式适时转型的一系列指导思想，确立了高职教育要培养高级应用型人才的教学目标，这一高职院校的人才培养目标，使高职教育既注重基础性理论知识的传授，又侧重实践能力的培养，强化学生的实际工作能力，为社会培养实用型人才，进而让高职院校与社会上广大企业之间的联系更加紧密，扩大了人民群众接受高等教育的机会，推动了教育公平和区域统筹乃至整个社会的和谐发展。

铁道机车专业旨在培养拥护党的基本路线，德、智、体、美、劳全面发展的社会主义建设者和接班人，在具有铁路机车运用与维修方面的必备的基础理论知识和专门知识的基础上，重点掌握从事本专业领域实际工作的基本能力和基本技能，具有良好的职业道德和敬业精神，是一种高等技术应用性专门人才。

## 高职教育的三个层次

高职教育主要包括 3 个层次：通识教育，专业基础教育，专业教育。下面对铁道机车专业的三个层次的内容进行介绍。

# 一、通识教育

① 努力学习习近平新时代中国特色社会主义思想。面向世界，了解国情，树立正确的世界观、人生观、价值观，坚持在中国共产党领导下走社会主义道路、实现中华民族伟大复兴的共同理想。

② 具备良好的职业道德规范、行为规范和强烈的社会责任感。遵守宪法、法律法规，正确行使权利，依法履行义务；弘扬传统美德，遵守社会公德，关心集体，爱护公物，身心健康，团结协作，待人礼貌，豁达宽容，积极向上。

③ 能正确认识铁道机车专业服务于社会的职业责任，具有符合相关岗位工作的职业道德，具有健康的审美意识和创造美的能力。

④ 掌握信息化场景下的文化基础知识和基本技能。具有良好的文化基础知识和修养；具有一定的与专业有关的经济管理知识和人文社科知识；具有较强的语言与文字表达能力和

英语会话能力，人际沟通、协调和合作能力，以及一定的组织能力。

⑤达到国家大学生体育合格标准，身体健康，养成良好的体育锻炼习惯和卫生习惯；具备健康的心理和乐观的人生态度，积极向上，能够勇敢面对挑战；有一定的美学修养，具有健康的审美意识；具有展示自我才能的推销能力。

⑥掌握《中华人民共和国劳动法》《中华人民共和国安全生产法》《中华人民共和国环境保护法》《中华人民共和国铁路法》《铁路运输安全保护条例》相关知识。

## 二、专业基础教育

①了解铁道机车发展历程，熟悉有关铁路技术规程及规章，熟悉机务部门的生产组织和技术，以及经济管理的基本知识。

②掌握铁道机车专业领域人才必备的专业基础知识和基本技能。

## 三、专业教育

铁道机车专业教育的最高目标是能够应用所学到工作中：

①掌握铁道机车的构造、作用、试验、检修工艺及有关设计计算的理论知识；

②掌握铁道机车的操作、试验、维修与保养、检修与故障处理、机车调度计划、用计算机有关软件绘制牵引操纵图、机车周转图等专业技能；

③熟悉本专业科学技术的新发展情况；

④具有解决铁路机务部门一般性生产技术问题和基层生产组织、设备、技术、经济管理的能力；

⑤掌握《铁路技术管理规程》《铁路机车牵引计算规程》《机车操作规程》《铁路机车牵引计算规程》《铁路行车事故处理规则》《铁路机车统计规则》《行车组织规则》相关知识。

## 需要养成的两种能力

# 一、自主学习

▶ 自主学习 ◀

自主学习是与传统的接受学习相对应的一种现代化学习方式。顾名思义，自主学习是以学生作为学习的主体，通过学生独立地分析、探索、实践、质疑、创造等方法来实现学习目标。

自主学习要做好以下几点：

① 建立目标，制订计划；

② 确定范围；

③ 培养学习行为与习惯；

④ 注重学习的氛围和环境；

⑤ 强化团队协作和互助；

⑥ 掌握学习方法。

自从第一次工业革命以来，随着科学技术的发展，铁道机车经历了蒸汽机车、内燃机车、电力机车3个发展阶段。铁道机车应用科学技术由机械技术发展到信息化技术，未来的铁道机车会逐步向着人工智能化方向发展。因此，要求铁道机车从业人员必须适应随着科学技术发展而飞速发展的铁道机车发展形势，与时俱进，不断更新自己的知识、技能，以适应就业岗位胜任能力转换和知识更新频率加快的要求。因此，养成自主学习的能力是铁道机车不断发展的需要，更是铁道机车专业自身内在的需要。

即将从事铁道机车相关岗位工作的学生（准确地说应该是准就业者），仅靠在学校学习的知识已远远不够，必须具备终身学习的能力。终身学习已成为职场人士必须具备的基本素质。

## 二、工匠精神

▶ 高铁首席研磨师宁允展 ◀

工匠精神，指的是工匠对自己的产品精雕细琢、精益求精、追求完美的精神理念。其核心是：不仅仅把工作当成赚钱养家糊口的工具，而是应树立起对职业敬畏、对工作执着、对产品负责的态度，极度注重细节，不断追求完美和极致，将一丝不苟的工匠精神融入每一个环节，做出打动人心的一流产品。中华民族的伟大复兴，离不开大国工匠。因此，养成精益求精的工匠精神，是每一个即将从事铁道机车相关岗位工作的人必须具备的素养。下面为大家介绍高铁领域的大工匠——宁允展。

CRH380A 型列车曾以世界第一的速度试跑京沪高铁，486.1 km/h，这是 CRH380A 在京沪高铁跑出的最高速度，它刷新了高铁列车试验运营速度的世界纪录，首次获得美国商标专利局颁发给中国高铁的自主知识产权认证，是中国向全世界推销高铁的一张国际名片。

如果把高铁列车比作一位长跑运动员，车轮是脚，转向架就是他的腿，而宁允展研磨的定位臂就是脚踝。宁允展作为国内第一位从事高铁转向架"定位臂"研磨的工人，也是这道工序最高技能水平的代表，被同行称为"鼻祖"，从他和他的团队手中研磨的转向架装上了 673 列高速动车组，奔驰 9 亿多 km，相当于绕地球 2 万多圈。

宁允展负责的这道工序，不只在中国，在全世界所有高铁生产线上，都要靠手工研磨。磨小了，转向架落不下去；磨大了，价值十几万元的主板就报废了。按照国际标准，留给手工的研磨空间只有 0.05 mm 左右，相当于一根细头发丝的粗细。过去的十多年，宁允展就在这细如发丝的空间里施展着自己的绝技。

宁允展说，工匠就是凭实力干活，实事求是，想办法把手里的活干好，这是本分。我不是完人，但我的产品一定是完美的。目前，宁允展在工作中不断地研发新项目、新工艺，先后获得 5 项国家级技术专利。

## 任务拓展

请调研我国铁道机车运用领域典型的优秀人才，结合自己实际谈谈三年的学习规划。

# 附录 A

# 调研报告内容、格式与要求

## 一、总结要求

根据给定题目方向，对自己所学的专业相关知识和将要从事的工作领域认真调查和研究，在调研报告中完整表述自己的调查和研究、论点和结论，字数在 3 000 字左右。

## 二、调研报告的内容与格式要求

1. 调研报告的内容

调研报告由以下 7 部分组成：

① 标题；

② 摘要；

③ 关键词；

④ 正文；

⑤ 结论或者建议；

⑥ 附件；

⑦ 参考文献。

2. 调研报告的格式要求

① 用 A4 纸张。

② 调研报告标题用宋体三号字，加粗，一级标题用宋体小三号字，二级标题用宋体四号字，以此类推。调研报告正文内容统一使用宋体小四号字，行间距 1.5 倍，段前空两个汉字的空格。参考文献内容宋体五号字。

## 三、调研报告写作说明

1. 标题

标题应简明、贴切，能概括文章的内容，一般不超过 20 个字。一般题目为"关于××

×的调研"。

2. 摘要

摘要应能客观地概括文章的主要内容和观点，篇幅不超过 200 字。

3. 关键词

关键词为反映论文主题概念的词或词组，具有检索价值，一般为 3~6 个。

4. 正文

正文包括整个调研的详细内容，含调研方法、调研程序、调研结果。对调研方法的描述要尽量讲清是使用何种方法，并提供选择此种方法的原因。

正文中的数字、表格，以及对这些内容的解释、分析，要用词准确，要用恰当的语句对分析做出描述，结构要严谨，推理要有一定的逻辑性。

在正文部分，对在调研中出现的不足之处，要清楚说明，不能含糊其辞。必要时，还需将不足之处对调研报告的准确性有多大程度的影响分析清楚，以提高整个调研活动的可信度。

5. 结论或者建议

结论包括对整个报告写作进行归纳和综合而得出的总结，它集中反映作者的学习与研究结果。结论中可以提出解决方法，即建议。对建议要做一简要说明，结论一般应写得概括，篇幅应较短。

6. 附件

附件内容包括一些过于复杂、专业性的内容，通常将调查问卷、抽样名单、地址表、地图、统计检验计算结果、表格、制图等作为附件内容。每一类内容，均需编号，以便查寻。

7. 参考文献

参考文献是不可缺少的组成部分，它反映报告的取材来源及材料的可靠程度。

# 四、关于参考文献的格式说明

每篇调研报告，要求查阅文献 5 篇以上。下面介绍参考文献的类型及格式。

1. 参考文献类型

专著［M］，论文集［C］，报纸文章［N］，期刊文章［J］，学位论文［D］，研究报告［R］，标准［S］，专利［P］，专著、论文集中的析出文献［A］。

电子文献类型：数据库［DB］，计算机程序［CP］，电子公告［EB］。

非纸张型载体电子文献：互联网上的数据库［DB/OL］，光盘图书［M/CD］，磁带数据库［DB/MT］，磁盘软件［CP/DK］，网上期刊［J/OL］。

2. 参考文献格式

（1）专著、论文集、报告

［序号］主要责任者. 文献题名［文献类型标识］. 出版地：出版者，出版年：起止页

码（可选）.

（2）期刊文章

［序号］主要责任者.文献题名［J］.刊名，年，卷（期）：起止页码.

（3）论文集中的析出文献

［序号］析出文献主要责任者.析出文献题名.原文献主要责任者（可选）.原文献题名.出版地：出版者，出版年：起止页码.

（4）学位论文

［序号］主要责任者.文献题名［D］.出版地：出版单位，出版年：起止页码（可选）.

（5）报纸文章

［序号］主要责任者.文献题名［N］.报纸名，出版日期（版次）.

（6）电子文献

［文献类型/载体类型标识］：［J/OL］网上期刊、［EB/OL］网上电子公告、［M/CD］光盘图书、［DB/OL］网上数据库、［DB/MT］磁带数据库

# 参 考 文 献

［1］孙竹生．蒸汽机车工程［M］．上海：龙门联合书局，1953．

［2］前进型蒸汽机车编写组．前进型蒸汽机车［M］．北京：中国铁道出版社，1984．

［3］迪塞尔．中国大百科全书：机械工程：Ⅰ［M］．谢焕章，译．北京：中国大百科全书
出版社，1992．

［4］胡亚庄．简明汽车知识词典［M］．北京：北京理工大学出版社，2001．

［5］林宏迪．漫话机车［M］．北京：中国铁道出版社，北京，2009．

［6］王星明．动车组设备［M］．北京：中国铁道出版社．2010．

［7］切尼．被埋没的天才：科学超人尼古拉·特斯拉［M］．陈璐，译．重庆：重庆出版
社，2010．

［8］特斯拉．被世界遗忘的天才：特斯拉回忆录［M］．王晓佳，译．北京：法律出版
社，2010．

［9］杨中平．漫话高速列车［M］．北京：中国铁道出版社，2009．

［10］奥尼尔．唯有时间能证明伟大：极客之王特斯拉传［M］．林雨，译．北京：现代出
版社，2015．

［11］铁路职工岗位培训教材编审委员会．制动钳工：机车［M］．北京：中国铁道出版
社，2011．

［12］铁道部劳动和卫生司铁道部运输局．内燃机车钳工［M］．北京：中国铁道出版
社，2004．

［13］铁路职工岗位培训教材编审委员会．内燃机车钳工［M］．北京：中国铁道出版
社，2011．

［14］铁道部人才服务中心组织．机车检查保养员［M］．北京：中国铁道出版社，2009．

［15］铁道部人才服务中心组织．电力机车钳工［M］．北京：中国铁道出版社，2009．

［16］铁道部人才服务中心组织．电力机车司机［M］．北京：中国铁道出版社，2009．

［17］呼和浩特铁路局职工教育处．内燃机车司机［M］．北京：中国铁道出版社，2014．

［18］铁路职工岗位培训教材编审委员会．机车电工［M］．北京：中国铁道出版社，2011．

［19］李振华．我国动车组的现代发展情况研究［J］．科技创新导报，2011（27）：79．

［20］姚永康．国外动车组集锦［J］．机车电传动，2003（5）：111－114．

［21］乔英忍．世界铁路动车组的技术进步、水平和展望［J］．国外铁道车辆，2007，44

（2）：1 – 7.

［22］北京交通大学电气工程学院．中日铁道车辆混合动力技术交流会议资料汇编［Z］．北京：北京交通大学，2011.

［23］郝志永，岳东鹏，李建国．混合动力汽车研究的现状及未来发展前景［J］．铁道机车车辆，2003，23（S1）：205 – 209.

［24］李茜．日本交通运输节能减排经验对我国的启示［J］．综合运输，2010（9）：73 – 77.

［25］孟玉发，彭长福，王选民，等．CKD6E5000 型混合动力交流传动内燃调车机车的研制［J］．铁道机车车辆，2011，31（4）：1 – 4.

［26］添田正．彭惠民．日本 HD300 – 901 型混合动力机车样车［J］．国外铁道机车与动车，2011（5）：10 – 15.